Como Amar
um Libriano

Mary English

Como Amar um Libriano

Orientações da Vida Real para Relacionar-se Bem e Ser Amigo do Sétimo Signo do Zodíaco

Tradução:
MARCELLO BORGES

Editora Pensamento
SÃO PAULO

Título original: *How to Love a Libra*.
Copyright do texto © 2012 Mary L. English.
Publicado originalmente no RU por O-Books, uma divisão da John Hunt Publishing Ltd., The Bothy, Deershot Lodge, Park Lane, Ropley, Hants, SO24 0BE, UK.
Publicado mediante acordo com O-Books.
Copyright da edição brasileira © 2014 Editora Pensamento-Cultrix Ltda.
Texto de acordo com as novas regras ortográficas da língua portuguesa.
1ª edição 2014.

Todos os direitos reservados. Nenhuma parte deste livro pode ser reproduzida ou usada de qualquer forma ou por qualquer meio, eletrônico ou mecânico, inclusive fotocópias, gravações ou sistema de armazenamento em banco de dados, sem permissão por escrito, exceto nos casos de trechos curtos citados em resenhas críticas ou artigos de revista.

A Editora Pensamento não se responsabiliza por eventuais mudanças ocorridas nos endereços convencionais ou eletrônicos citados neste livro.

Editor: Adilson Silva Ramachandra
Editora de texto: Denise de C. Rocha Delela
Coordenação editorial: Roseli de S. Ferraz
Preparação de originais: Marta Almeida de Sá
Produção editorial: Indiara Faria Kayo
Editoração eletrônica: Join Bureau
Revisão: Vivian Miwa Matsushita

CIP-Brasil Catalogação na Publicação
Sindicato Nacional dos Editores de Livros, RJ

E48c
English, Mary
    Como amar um libriano: orientações da vida real para relacionar-se bem e ser amigo do sétimo signo do zodíaco / Mary English; tradução Marcello Borges. – 1. ed. – São Paulo: Pensamento, 2014.
    112 p. : il.; 20 cm.

Tradução de : How to love a libra
ISBN 978-85-315-1871-3

1. Astrologia. 2. Signo. I. Título.

14-12152
CDD: 133.5
CDU: 133.5

Direitos de tradução para a língua portuguesa adquiridos com exclusividade pela
EDITORA PENSAMENTO-CULTRIX LTDA., que se reserva a
propriedade literária desta tradução.
Rua Dr. Mário Vicente, 368 – 04270-000 – São Paulo – SP
Fone: (11) 2066-9000 – Fax: (11) 2066-9008
E-mail: atendimento@editorapensamento.com.br
http://www.editorapensamento.com.br
Foi feito o depósito legal.

Este livro é dedicado a meu filho S. G.
Obrigada por ser amável

♎ Sumário ♎

Agradecimentos 9

Introdução 11

1 O signo 17
2 Como montar um mapa astral 33
3 O ascendente 39
4 A lua 48
5 As casas 58
6 As dificuldades 68
7 As soluções 75
8 Táticas de amor 82

Notas 107

Informações adicionais 108

Informações sobre mapas astrais 109

♎ Agradecimentos ♎

Gostaria de agradecer às seguintes pessoas:
Meu filho, por ser o libriano que
sempre me faz enxergar o outro lado e para
quem este livro é dedicado.
Meu marido taurino Jonathan, por ser
o homem mais maravilhoso do meu mundo.
Mabel, Jessica e Usha, por sua ajuda
homeopática e sua compreensão.
Laura e Mandy, por sua amizade.
Chico Holton, por ser meu amigo
libriano musical.
Donna Cunningham, por sua ajuda
e seus conselhos.
Judy Hall, por sua inspiração.
Alois Treindl, por ser o pisciano que fundou o
maravilhoso site Astro.com.
Judy Ramsell Howard, do Bach Centre, por seu estímulo.
John, meu editor, por ser a pessoa que lutou com
unhas e dentes para que este livro fosse publicado,

e toda a equipe da O-Books, inclusive Stuart, Nick,
Trevor, Kate, Catherine, Maria, Elizabeth e Mary.
Mary Shukle, Liz Warren, Oksana e Mark Edwards,
por seus olhares editoriais, sempre bem-vindos.
E finalmente, mas não menos importantes, meus adoráveis
clientes, por suas valiosas contribuições.

♎ Introdução ♎

Esta série de livros nasceu porque eu queria que as pessoas compreendessem meu signo zodiacal, que é Peixes, e lentamente se tornou um retrato de cada signo do Zodíaco.

Quando terminei de escrever *Como Sobreviver a um Pisciano*, meus clientes e amigos me perguntaram "Quando você vai fazer o do *meu* signo?", e foi assim que percebi que teria um monte de trabalho pela frente!

Trabalho com atendimento particular, auxiliando clientes em questões como divórcio, rompimento, falta de trabalho, problemas pessoais, tristeza, luto, curiosidade ou pura e simples insatisfação, e faço o melhor para ajudá-los a retomar seu caminho e a cumprir a missão de sua alma. Adoro meu trabalho!

Como também sou habilitada em homeopatia, oriento os clientes para que voltem a se sentir bem.

Escrevo uma coluna sobre Astrologia para a Talk Radio Europe, e a cada duas semanas falo ao vivo, no ar, sobre as "estrelas" quinzenais.

Todos gostam de saber o que vai acontecer com seu signo estelar... e todos conhecem o próprio signo, a menos que tenham nascido perto do dia de mudança dos signos; nesse caso, a pessoa pode ser de um signo ou de outro. É nesse ponto que um astrólogo experiente ou um bom programa astrológico podem ajudá-lo a saber a verdade, porque você não pode ser de dois signos, e não existe isso de cúspide. Ou você é de um signo... ou de outro.

Como eu comecei pelo último signo, decidi ir de trás para a frente... e por isso, estamos agora em Libra, o signo da balança.

Estou razoavelmente qualificada para escrever sobre este signo, pois tenho um libriano em casa. Dei à luz um filho, um libriano. Ele nem de longe se interessa pela Astrologia, mas os filhos não costumam se interessar muito por coisas que seus pais fazem, especialmente se elas parecem fora de moda.

Entretanto, quer ele siga a Astrologia, quer não, sei que o fato de ele compreender seu signo solar faz e fez uma grande diferença para mim, pois senti-me mais confiante como sua mãe.

Agradeço às minhas estrelas da sorte por eu ter lido o livro de Linda Goodman, *Sun Signs*, antes e depois de ele ter nascido, e na minha mente estão gravadas permanentemente estas palavras: "Nunca lhe dê opções. Ele detesta tomar decisões. Se tem uma coisa que uma criança detesta mais do que ter de se decidir, é ter de se decidir com pressa".[1]

Assim, quando ele era pequeno, em vez de confundi-lo com montes de alternativas, fazíamos as coisas juntos, uma coisa de cada vez, e nunca discutíamos sobre roupas ou lições de casa.

Definição de Astrologia

A Astrologia é o estudo dos planetas, mas não num sentido astronômico. Os astrólogos olham para os planetas e registram onde eles estão do ponto de vista da Terra, dividindo o céu

♎ Introdução ♎

em doze porções iguais. Essas porções começam no equinócio vernal de 0 grau de Áries.* Usamos informações astronômicas, mas a diferença entre a astronomia e a Astrologia é que os astrólogos utilizam essa informação astronômica com propósitos diferentes.

Nós a usamos para acrescentar significado a nossa vida.

Originalmente, astrônomos e astrólogos eram a mesma espécie, mas, com o progresso da ciência, os astrônomos romperam conosco e se concentraram apenas nos planetas, e não em seu significado.

Os astrólogos acreditam que estamos todos conectados.

"O que está em cima é como o que está embaixo."

Assim como estamos todos unidos como seres da mesma raça humana, os astrólogos acreditam que estamos todos, de algum modo, conectados a tudo que nos rodeia... e que os planetas acima de nós não são apenas acontecimentos aleatórios; eles estão lá para nos orientar.

Para compreender um signo estelar, ou, mais precisamente, um signo solar, temos de conhecer um pouco a história da Astrologia e saber como chegamos onde estamos hoje.

As pessoas sempre se interessaram por seu ambiente, e as nações mais antigas eram fascinadas pelo céu noturno. Você já olhou o céu noturno e se perguntou o que seriam todos esses pontinhos de luz? Bem, os antigos também faziam isso, e foi assim que a Astrologia começou.

---

* A autora fará sempre referência às estações do ano do ponto de vista do Hemisfério Norte, ou seja, opostas às do Hemisfério Sul. (N. do T.)

Uma Breve História da Astrologia

O historiador Christopher McIntosh diz, em seu livro *The Astrologers and Their Creed*, que a Astrologia foi descoberta na região que hoje chamamos de Iraque, no Oriente Médio:

> Foram os sacerdotes do reino da Babilônia que fizeram a descoberta que estabeleceu o padrão para o desenvolvimento da astronomia e do sistema zodiacal da astrologia que conhecemos hoje. Durante muitas gerações, eles observaram e registraram meticulosamente os movimentos dos corpos celestes. Finalmente descobriram, graças a cálculos cuidadosos, que, além do Sol e da Lua, outros cinco planetas visíveis se moviam em direções específicas todos os dias. Eram os planetas que hoje chamamos de Mercúrio, Vênus, Marte, Júpiter e Saturno.
>
> No começo, as estrelas e os planetas eram considerados deuses de verdade. Mais tarde, quando a religião ficou mais sofisticada, as duas ideias foram separadas e desenvolveu-se a crença de que o deus "governava" o planeta correspondente.
>
> Gradualmente, foi se formando um sistema altamente complexo no qual cada planeta tinha um conjunto específico de propriedades. Esse sistema foi desenvolvido em parte por meio dos relatórios dos sacerdotes e em parte graças às características naturais dos planetas. Viu-se que Marte parecia avermelhado e por isso foi identificado com o deus Nergal, a divindade ígnea da guerra e da destruição.
>
> Vênus, identificado pelos sumérios como sua deusa Inanna, era o planeta mais destacado nas manhãs, como se desse à luz o dia, por assim dizer. Portanto tornou-se o planeta associado às qualidades femininas do amor, da gentileza e da reprodução.[2]

Esses primeiros sacerdotes construíam torres altas e observavam o céu noturno para fazer seus registros. Felizmente, o céu sobre a Babilônia não tinha poluição luminosa, edifícios, montes ou montanhas altas, e por isso eles tinham uma visão ampla.

A Astrologia Hoje

Se avançarmos alguns milhares de anos até os dias atuais, veremos que a Astrologia é usada por diversos motivos diferentes:

1. Como forma de adivinhação: na esperança de se preparar para tempos mais difíceis no futuro.
2. Como forma de religião: algo para se venerar.
3. Como alívio passageiro: algo para se distrair de questões atuais.

Ou a categoria com que eu trabalho:

4. Para levar algum significado à vida das pessoas, ajudando-as, de forma que se sintam mais seguras e tenham controle de suas emoções. Se quiser, pode dizer que é uma forma de aconselhamento espiritual.

Ainda há muita confusão em relação às palavras que usamos na Astrologia. "Horóscopo" é uma delas.

No meu dicionário, "horóscopo" é um substantivo e significa "previsão do futuro de uma pessoa a partir de um diagrama que mostra a posição relativa das estrelas no nascimento".

Em seu livro *Astrology for Dummies*, Rae Orion define "horóscopo" como "um mapa astrológico completo, calculado para um horário e um local específico, incluindo o Sol, a Lua e os planetas – um mapa natal. A palavra também é usada para se referir às predições diárias ou semanais que aparecem nos jornais e nas revistas".[3]

Neste pequeno livro, vamos falar de horóscopos ou mapas natais, e não de predições.

Praticam-se dois tipos de Astrologia no Ocidente: a Astrologia Tropical, que dá a posição de um planeta nos signos; e a Sideral, que dá a posição do planeta nas constelações. Há mais de 4 mil anos, no equinócio vernal, o primeiro dia da primavera, o Sol estava na constelação de Áries. Hoje, em virtude da oscilação da Terra em torno de seu eixo e de uma coisa chamada "precessão", o Sol entra no signo de Áries, mas na constelação de Peixes.

Eu pratico a Astrologia Tropical, levando em conta que, pela posição que os planetas ocupam hoje, eles se deslocaram. Os dois sistemas têm seu valor; não existe "certo" ou "errado". Eu simplesmente prefiro a Tropical.

Assim, vamos conhecer Libra um pouco mais e descobrir como amar os nativos desse signo.

Mary L. English
Bath, 2012

Capítulo 1

♎ O signo ♎

Uma pesquisa *on-line* do site YouGov, feita com 2.090 pessoas em 2010, descobriu que 2% delas não sabem qual o seu signo estelar.[4] Mas se você analisar a resposta, verá que 98% das pessoas sabem. Se é assim, como elas descobriram o próprio signo? Elas não nasceram sabendo. A maioria das pessoas lê sobre seu signo nos jornais ou nas revistas, e cada signo apresenta datas diferentes.

As datas corretas ocorrem quando o Sol passa para a parte do céu que chamamos de Libra. Geralmente, isso acontece entre os dias 23 de setembro e 22 de outubro. Digo "geralmente" porque tudo depende do lugar onde você nasceu e da hora do dia, pois tudo se move em poucas horas. Não existe isso de cúspide; ou você é de um signo ou de outro. Não dá para ser de dois.

Se você tivesse nascido à 0h02 no dia 23 de setembro de 1989 em Canberra, na Austrália, seria de Virgem, mas se nasceu no mesmo horário no lago Baker, nos territórios do noroeste (norte do Canadá), é de Libra.

O mesmo se aplica a 23 de outubro: se você nasceu no mesmo lugar, lago Baker, às 4h02, é de Escorpião. Por isso, certifique-se de que seu mapa foi calculado com precisão caso tenha nascido no dia em que os signos mudam.

O signo de Libra é representado pela balança, e seu glifo ou símbolo é uma linha horizontal com uma linha arqueada sobre ela (veja o Capítulo 2 – Como montar um mapa astral). É o único signo do Zodíaco que não representa uma coisa viva. O único objeto inanimado. Mas essa balança é importante para esse signo solar, pois representa o desafio entre os desejos pessoais e as necessidades dos outros. Entre o mundo das ideias e o mundo da realidade. Entre o que é vivo e o que não tem vida. Um delicado ato de equilíbrio.

Cada signo do Zodíaco tem um planeta que cuida dele. Chamamos esse planeta de "regente". O planeta que rege Libra é Vênus, e os babilônios deram-lhe originalmente o nome de sua deusa Inanna.

A Deusa Inanna

Essa deusa estava associada ao planeta que os babilônios viam subindo e descendo no céu. Diane Wolkstein (uma escorpiana) fala sobre suas origens em *Inanna, Queen of Heaven and Earth: Her Stories and Hymns from Sumer*:

> O nome de Inanna significa "Rainha do Céu", e ela era chamada tanto de Primeira Filha da Lua e da Manhã como de Estrela da Noite (o planeta Vênus). Além disso, na mitologia suméria, ela era conhecida como Rainha do Céu e da Terra, e era responsável pelo crescimento das plantas e dos animais, e pela fertilidade da humanidade. Depois, em função de sua viagem ao mundo inferior, ela assumiu os poderes e mistérios da morte e do renascimento.[5]

Nick Campion (colega pisciano) fala um pouco mais sobre Vênus em seu *The Dawn of Astrology:*

> O planeta oscila entre a luminosa estrela da manhã, que se ergue antes do sol, e uma estrela noturna igualmente notável, que aparece após o crepúsculo... Seja como estrela da manhã, seja noturna, na sua distância máxima do sol, há breves momentos em que Vênus fica como a única estrela visível no céu, dominando o firmamento como um ponto brilhante de luz. Esses períodos são separados por 584 dias, e cinco ciclos de 584 dias de Vênus se completam exatamente em 8 anos, uma observação que foi registrada desde o terceiro milênio no uso de uma estrela de oito pontas como o emblema de Inanna.[6]

Com o progresso da Astrologia pelo mundo, ela passou por Roma, e lá o nome do planeta mudou para Vênus, que é como tem sido chamado desde então.

A Astronomia de Vênus, o Planeta Quente

Vênus é luminoso o suficiente para ser visto da Terra a olho nu. Como a Lua, passa por mudanças de fase, parecendo uma luz brilhante iluminada pelo Sol, até uma crescente maior, quando se aproxima de nós, com parte da face na sombra.

"Sua superfície é duas vezes mais quente que o forno de sua cozinha, dia e noite a 462 °C. É o planeta mais próximo da Terra e similar a esta em tamanho."[7]

Os astrônomos não chamam a Lua de planeta; chamam-na de satélite ou de corpo celeste. Porém os astrólogos chamam de planetas *todos* os objetos que usam, e às vezes eles denominam o Sol (que tecnicamente é uma estrela) e a Lua de "luzes" ou "luminares": corpos que naturalmente produzem luz.

Como a Terra, Vênus também é constituído de pedra, mas seu clima "fugiu do controle".[8]

Ele é cercado por uma densa camada de nuvens, e sob essas nuvens fica a sua superfície, onde a sonda russa *Venera 7* pousou em 1970, descobrindo as temperaturas extremamente quentes dessa superfície. Outras missões e sondas enviaram informações, mas foi só em 1990 que uma nave dos Estados Unidos chamada *Magellan* orbitou com radares que penetram as nuvens e descobriu que a superfície é totalmente seca, com evidência de erupções vulcânicas.

De vez em quando, a órbita de Vênus faz com que o planeta passe sobre o Sol. Como se fosse um minieclipse. Ele não consegue bloquear o Sol como a Lua, pois está mais distante de nós e deixa apenas uma marca escura quando se olha para o Sol, o que não recomendo, pois isso é perigoso para os olhos; é preciso usar lentes especiais.

A última vez que isso aconteceu foi em junho de 2004. A visita seguinte foi em junho de 2012 – e eu fiquei olhando, mas este livro foi publicado depois desse evento –, e depois disso ocorrerá em 2117, mas neste caso a espera será longa!

Vênus, a Deusa do Amor

Se a vida merece ser vivida ou não,
depende de haver amor na vida.
– R. D. Laing

♎ O signo ♎

Quando a Astrologia passou pela Grécia, os nomes gregos originais de Vênus baseavam-se apenas em sua aparição no céu: "Arauto da Aurora" ou "Arauto da Luz", e às vezes "Estrela da Noite", pois as pessoas viam o planeta no começo do dia, e, com sua órbita, tornava-se visível novamente no começo da noite. Eles chamavam a deusa do amor de Afrodite.

Depois, quando a Astrologia chegou a Roma, chamaram-na de Vênus, a Deusa do Amor. Ela era a amante de Adônis, a melhor companheira de Eros, o deus alado, e, só para complicar as coisas, foi flagrada na cama com Marte, embora fosse casada com o deus Vulcano. Algumas coisas não mudam nunca!

Os astrólogos associam Vênus ao amor, ao flerte, à sedução, à arte, à beleza, ao luxo, à harmonia e ao prazer, mas não precisa acreditar só no que eu digo. O que outros astrólogos falam sobre Vênus?

Vamos ver o que disse Christopher McIntosh, mais uma vez, em 1971:

Originalmente associado à deusa dos babilônios, Vênus sempre esteve relacionado à maternidade e, portanto, ao amor e ao ato sexual. Tradicionalmente, ele é benéfico.

Segundo Ptolomeu (90 – 168 d.C.), "quando Vênus rege sozinho numa posição de glória, torna a mente benigna, boa, voluptuosa, com muito senso de humor, pureza, alegria, prazer na dança e abominando a maldade".

Obviamente, Vênus é um planeta divertido!

Eis o que escreveu a libriana Tracy Marks em seu *Planetary Aspects: From Conflict to Cooperation*, em 1987: "Seu Vênus focal vai contribuir para sua capacidade de se manter consciente das necessidades dos demais, de se expressar com tato, de cooperar com facilidade e de manter interações suaves e confortáveis".[9]

Não há dúvidas de que os astrólogos concordam com as qualidades de Vênus. Eis o que disse Howard Sasportas em seu *The Inner Planets*, falando sobre Vênus para um grupo de estudantes de Astrologia em 1993:

> Durante muitos anos, falei de Vênus principalmente em termos do princípio de Eros, o impulso da união e do relacionamento que existe em todos nós... Primeiro, quis examinar Vênus como representante de nosso sistema de valores, daquilo que consideramos belo e desejável. Vênus indica aquilo que valorizamos ou desejamos, essas coisas que achamos que nos dão prazer ou nos tornam mais completos e mais inteiros.[10]

Não há mudanças em seus atributos, só a linguagem muda um pouco.

Eis o que diz a libriana Caroline Casey em seu livro *Making the Gods Work for You*:

> Quando Vênus entra num recinto, todos ficam mais espirituosos... Ela lembra que devemos respeitar nossas afinidades individuais – as pessoas, as cores, os sabores, os animais, as formas de arte e os interesses que nos atraem... Vênus é a força invisível da atração, do amor, do parentesco, da arte e do relacionamento.[11]

Donna Taylor, outra libriana falando sobre Vênus, diz, em seu *How to Use the Healing Power of Your Planets*:

> Como Vênus é famoso por ser o planeta do amor e da beleza e de todas as coisas adoráveis, podemos achar que sua influência

sobre nossa saúde nos traz bem-estar e é automaticamente benevolente. Mas as aparências podem enganar, e sempre menos do que a bela aparência externa de Vênus... se suas necessidades forem ignoradas, seu efeito sobre a saúde pode ser bem brutal. Isso se deve principalmente ao fato de esse planeta governar o amor e o prazer, e, se não recebermos amor suficiente, murchamos rapidamente e morremos.[12]

Em função dessas associações e do sistema de regências, Libra assume algumas dessas qualidades, que agora vamos discutir mais detalhadamente.

Beleza

Uma das qualidades atribuídas a Vênus é a beleza, e por isso pedi que alguns librianos dessem sua opinião sobre a beleza. Para eles, o que significa a palavra "beleza"?

Heather tem 45 anos e faz terapia Aura-Soma das cores em seu consultório particular na Grã-Bretanha. Ela usa as cores para ajudar as pessoas a se fortalecerem. Perguntei-lhe como definia a beleza. Ela respondeu:

"Beleza é o jeito de uma pessoa, seu sorriso, o calor de seus olhos. O jeito dela. É algo que pode fazer com que você se emocione. Geralmente, a mãe natureza proporciona a maior beleza".

Angela é mãe e trabalha em tempo integral como treinadora numa grande empresa. Ela tem trinta e poucos anos, mora na zona rural e todos os dias vai trabalhar na cidade. Perguntei a ela o que achava da palavra "beleza".

"Emocionalmente comovente, pacífica, mas excitante."

Michael tem vinte e tantos anos e trabalha em meio período como assistente de uma loja varejista enquanto busca seu "emprego dos sonhos". Ele também ajuda a administrar uma fazenda urbana que é orgânica e ambientalmente consciente. Quis saber sua opinião sobre a beleza. Ele disse:

"Beleza é elegância, graça, a realização de um potencial, aquilo que transcende as palavras, algo que é inefável. A beleza é um conceito pessoal da mente e do coração de todos, mas nos comove do mesmo modo. A beleza é inspiradora, animadora, uma razão de ser. A beleza está em torno de todos, mas não é percebida por todos. A beleza é a face de Deus. A beleza é o apogeu da vida. A beleza está mesmo no olho de quem vê... e por isso está em tudo".

Gwen tem trinta e tantos anos e é mãe de dois filhos. Ela pratica terapia artística numa escola da linha de Steiner em meio período. Para ela:

"Beleza é elegância, simplicidade, honestidade, integridade, força, harmonia e graça".

Lola é gerente de setor de uma grande multinacional nos Estados Unidos. Ela acha que:

"A beleza pode ser qualquer coisa; uma cena no campo, uma foto, um objeto, uma peça de vestuário, a beleza interior da alma de uma pessoa, uma moça bonita, um homem bonito, alguma coisa ou alguém que faça você se encantar".

Como se pode ver, nenhum desses librianos teve qualquer problema para descrever a palavra "beleza".

Ser Justo

Como o símbolo de Libra é a balança, e como Libra é o único signo do Zodíaco que não é representado por uma coisa viva, ter equilíbrio e ser justo é importante para seus nativos. Pedi novamente a opinião de alguns librianos, pois, afinal, eles se conhecem melhor.

Minha pergunta foi: "Para você, qual a importância de ser justo?".

Eis o que disse Celia, dona de casa com quarenta e tantos anos, homeopata e revisora de textos. Ela mora numa fazenda no interior da Grã-Bretanha, a quilômetros da "civilização", com seu marido, que é fazendeiro, seus filhos adolescentes e uma filha menor.

"Para mim, ser justa significa colocar-me no mesmo plano dos demais. Gosto de ser vista como uma pessoa justa e me esforço para sê-lo, mas uma parte do meu cérebro é muito empresarial, competitiva, pois gosto do sucesso, e às vezes a mentalidade "vale tudo no amor e na guerra" prevalece – ainda mais quando eu era mais jovem, num ambiente competitivo, no qual as estrelas luminosas se manifestavam e o resto ficava onde estava. Só aprendi a ser realmente atenciosa e a compartilhar por meio da homeopatia, o que aconteceu bem depois de ter tido uma carreira empresarial de sucesso; mesmo com as crianças pequenas, eu lidava com o mercado de ações como operadora diária, uma atividade bem agressiva e alienada... mas excitante também!"

Lionel, historiador aposentado que mora em Londres, diz o seguinte:

"Muito importante. Tentar praticar uma medida de aceitação geral".

Eis o que diz a mãe e parteira Sammy, de Duala, em Camarões:

"Ser justa é a maldição da minha vida! Isso me impulsiona e define a minha existência. Fez-me perder amigos e me separar de pessoas queridas. Se vejo uma injustiça, sinto-me compelida a falar. Posso conter esse impulso durante algum tempo, mas ele sempre torna a aflorar, geralmente acompanhado de uma grande dose de raiva justiceira. Posso ser tudo, menos injusta. Sempre analiso todas as facetas de uma situação, e se estou num conflito com alguém, acabo passando um bom tempo refletindo sobre minhas falhas, pensando 'com os meus botões', para saber se eu é que estou errada. Meu marido me diz que preciso parar com essa autocrítica, e, no meu coração, sei que meus sentimentos são justamente isso, e não preciso racionalizá-los, mas isso não impede meu cérebro de tentar".

Argumentos versus Discussão

Há uma coisa que pode facilmente deixar um libriano atordoado: se duas pessoas estiverem discutindo e ele precisar ficar observando a discussão. Perguntei a diversos librianos como se sentiam quando as pessoas discutiam, e eis as respostas:

"É uma coisa que me esgota física e mentalmente".
"Fico perturbado; meu coração dispara".
"Ansioso".

> *"Não gosto de ver ou de ouvir pessoas discutindo, eu me afasto".*
> *"Desconfortável... fico querendo interromper a discussão e resolver as coisas para eles".*

Celia contou com mais detalhes como se sente quando as pessoas discutem:

> *"Péssima... Meu coração bate forte e meu cérebro dispara, pois fico querendo resolver o problema para eles. Se a discussão se torna violenta, com muitas ofensas, só desejo me afastar o máximo que puder. Fico pouco à vontade, mesmo numa atmosfera ruim, não consigo me concentrar no caso que provocou a discussão, e por isso preciso sair desse lugar... Fico dividida entre a necessidade de ajudar e a necessidade de desaparecer".*

Assim, duas coisas estão acontecendo com ela: uma é a necessidade de ajudar, e a outra, de fugir. Que dilema! Um ariano não pensaria duas vezes; ele estaria lá, ajudando a resolver as coisas... e os outros signos de Fogo também participariam, gritariam mais alto, tentando controlar a situação.

Os signos de Água também teriam saído do recinto para "obter ajuda"... e os signos de Terra ficariam assistindo à cena, pasmos, engolindo tudo, lembrando-se de quem fez o quê e de quem disse o quê, e quando tudo terminasse, entrariam para limpar a bagunça... enquanto os outros signos de Ar gritariam um pouco e depois se juntariam a uma pessoa do grupo que conhecessem bem, tentando fazer com que ela parasse com aquilo.

Michael tem pensamentos e sentimentos similares sobre discussões:

> *"Detesto. Acho que é uma coisa extremamente triste, e faz com que eu sinta que o mundo não é um lugar muito bom para se estar. Por dentro, eu me afasto delas. Se puder escapar, eu vou escapar. Do contrário, tento bloqueá-las. Elas mexem com minha paz".*

Como tudo na vida, existe um paradoxo. Embora Libra deteste discussões, seus nativos argumentam muito e o corrigem sem piedade se acham que você está "errado" com relação a alguma coisa.

O libriano ama o que ele chama de "uma discussão", e uma discussão com ele pode ficar bem agitada se ele achar que não foi compreendido ou se você ignorar um ponto que ele suscitou. Ele é rápido para retrucar e para mostrar algo ou para lembrar você de algo que disse anos atrás e que tem relação com a "discussão" atual, deixando você chafurdando na defensiva. Esta é uma característica dos signos de Ar com a qual só os signos de Ar conseguem lidar. E se você concordar com o que ele disse, ele vai lembrá-lo de que apenas alguns instantes antes você estava dizendo algo completamente diferente... então como é que agora está concordando? No ponto em que você encerraria, um signo de Ar (Gêmeos, Aquário e Libra) prosseguiria e continuaria a "discussão", pois esses signos gostam da troca de ideias e da excitação da competição verbal.

Angela aprofundou um pouco a explicação para mim:

> *"É estranho, mas a maioria das pessoas acha que sou decidida simplesmente porque debato apaixonadamente alguma questão, mas, como você sabe, como muitos librianos, posso me mostrar aberta à persuasão – a menos que a decisão seja sobre justiça!"*

Ah, ter de se decidir... a eterna maldição da vida do libriano...

Indecisão

Esta é uma das maiores preocupações do libriano – o fato de ele não conseguir se decidir. Não é uma coisa física, como "Será que eu consigo levantar aquela caixa?". É mais como "O que vai acontecer se eu não levantar aquela caixa? Será que tenho outros modos para movê-la?". A tortura mental pode durar horas, dias, semanas.

Isso acontece mais com meus clientes librianos quando eles precisam fazer algo que envolve um compromisso. Quando eles "precisam" tomar uma decisão sobre alguma coisa como casar, mudar de emprego, de casa, ter filhos ou não.

Já vi clientes de Libra completamente enrolados, ponderando, e a única solução é tomar uma decisão de cada vez.

Algumas das citações reais de meus clientes vieram de um pequeno questionário que enviei a eles, e tive de rir quando recebi o seguinte e-mail de uma senhora de Libra, muito simpática:

"Oi, Mary, desculpe-me por não ter completado o seu questionário sobre Libra! Fico procrastinando... o que é irônico. E depois eu esqueço. Na sexta à noite eu respondo".

Eu tinha escrito no questionário que ela não devia pensar muito nas respostas, pois sei que pensar demais faz com que os librianos entrem num estado realista, e eu queria reações viscerais, reações imediatas.

Michael me deu uma visão profunda de sua indecisão:

"É absolutamente terrível! Certo, meu problema é que sempre fico vendo os prós e contras de tudo. Por isso, numa discussão, nunca

sinto que 'ganhei', por assim dizer, pois sempre enxergo o ponto de vista da outra pessoa.

O problema disso é que nunca vejo uma única verdade. Acredito que a verdade tem diversos níveis, e que, por isso, muitos pontos podem ser relevantes e apropriados; todavia, acredito que há verdades superiores a outras. Geralmente, se estou num debate ou numa discussão, posso admitir que os argumentos da outra pessoa são 'uma verdade'; entretanto isso costuma mascarar o meu argumento, como uma verdade de um cenário mais amplo. Em suma, não há preto e branco... só cinza... mas todos com que interajo veem as coisas apenas em preto e branco; assim, embora sempre enxergue o ponto de vista dos demais – mesmo que tenha menos valor do que o meu –, eles raramente enxergam o meu, de tão apegados que estão aos deles!"

Depois, ele me disse o que acontece quando ele vai às compras.

"Quando vou a um supermercado ou tento adquirir alguma coisa, sempre procuro os melhores preços. Por isso, estou constantemente comparando o preço por grama ou por unidade de alguma coisa, para tentar economizar alguns centavos, mas, mesmo assim, há outros fatores a se levar em conta, como a qualidade, se vale a pena pagar mais. Meu problema ao comprar roupas e itens de luxo é que vejo os pontos favoráveis de cada decisão. De certo modo, isso me impede de ser clínico, pois sou literalmente tolhido de tomar qualquer decisão."

E não são apenas as compras que causam dificuldades:

> *"Estou sempre pedindo aprovação ou confirmação em minha vida. Seja dando um telefonema dentro de um supermercado movimentado para perguntar qual o melhor produto, a, b ou c... quando não há muita diferença entre eles; ou para tomar decisões vitais, como o emprego que devo procurar, ou qual a melhor abordagem para começar um relacionamento. São coisas que me paralisam, literalmente, e, por mais que eu tente me livrar disso, posso passar vários minutos diante dos mesmos objetos nas lojas, e minha cabeça fica girando até eu me decidir".*

Fui testemunha desse tipo de estado (ver "Seu filho libriano" no Capítulo 8), e não é uma cena muito bonita.

Janice é coordenadora de conferências e mãe de dois garotos. Ela nos fala sobre sua habilidade para decidir:

> *"Não é muito boa. Eu pondero os resultados de cada opção e penso no que aconteceria comigo em cada caso. Também levo em conta como me sinto em relação a isso, qual a vibração? Por exemplo, para alugar um apartamento: ele é conveniente, seguro? Vantagens e desvantagens de um lugar menor, mas eu ficaria contente morando nele, ele tem a vibração certa? E se alguma coisa não parecer certa, por mais que seja sensata, eu hesito em tomar a decisão e travo".*

Angela também tem sérios problemas com a indecisão:

> *"Antes eu era indecisa, mas agora não tenho tanta certeza! Ha! Ha! Geralmente, fico paralisada quando tenho opções em excesso, e não*

importa se a decisão é grande ou pequena. Eu brinco que nem consigo comprar alguma coisa numa loja que não aceita devoluções. De fato, volta e meia, não tenho certeza do que quero ou prefiro. Não consigo nem mesmo analisar o que acontece na minha mente, pois não acho que meu cérebro esteja envolvido – e quando ele está, parece que não me dá muita clareza! Como a maioria das pessoas, quanto mais estressada eu fico, menos eu consigo decidir alguma coisa. Não importa de fato o tamanho da decisão".

Embora Lola consiga tomar rápidas decisões executivas no trabalho, em casa ela fica travada:

"Pode ser difícil decidir. Depende do meu humor. Às vezes, saio e sei exatamente o que quero, e compro aquilo. Em outras ocasiões, não consigo me decidir... por exemplo, o sofá novo para a sala. Já estou há seis meses na minha casa nova e ainda não consegui tomar uma decisão final".

Sua indecisão não se baseia na incapacidade de raciocinar; é que eles querem ser justos, e para ser realmente justo você precisa analisar mais de uma opção... e este é o problema do libriano. Será que tentar cara ou coroa não seria mais produtivo?

Capítulo 2

♎ Como montar um mapa astral ♎

Antes da invenção dos computadores, montar um mapa astral era um complexo pesadelo matemático (em minha opinião). Você precisava encontrar a longitude e a latitude do local de nascimento, converter a hora local para GMT, calcular a posição do Ascendente, dos planetas nas casas e vários graus disto e daquilo.

Aprender Astrologia só se tornou uma realidade para mim quando os programas de computador apareceram no mercado... e eu comecei a trabalhar de verdade. Minha tia fazia mapas à mão, e ela era boa em matemática. Eu sou impaciente demais para passar tempo calculando coisas.

Felizmente, essa parte mais difícil mudou. Hoje, há diversos programas astrológicos muito bons, mas vamos aprender a usar um recurso gratuito de uma empresa sediada na Suíça, de modo que podemos confiar em sua precisão.

Leve em conta que há diversos sites da Internet que fornecem informações gratuitas, mas a exatidão destas talvez não seja garantida, de modo que vou usar o único que, em minha opinião, é consistentemente o melhor.

Visite www.astro.com e abra uma conta.

Depois, clique no link no alto da página onde se lê "Free Horoscopes" (horóscopos gratuitos).

A seguir, desça pela página até ver a seção à direita chamada "Extended Chart Selection" (seleção estendida de mapas). Clique nela.

Agora, você está numa página onde se lê:

Birth data (dados de nascimento)
Options (opções)
Image size (tamanho da imagem)
Additional objects (objetos adicionais)

Seu nome deve aparecer sob os dados de nascimento; se não aparecer, clique em "Add new person" (acrescente pessoa nova) e insira os dados de nascimento. Você vai precisar da data, do horário e do local de nascimento.

Nós vamos calcular o mapa natal de um astrólogo maravilhoso chamado Marc Edmund Jones, que desenvolveu um modo de interpretar mapas natais com base em sua forma. É algo em que estou bastante interessada.

Ele nasceu no dia 1º de outubro de 1888 em St. Louis, MO, EUA, às 8h37.

Se você digitar os dados dele, pode acompanhar o que escrevi aqui e ver se temos o mesmo mapa.

Nesta página chamada Extended Chart Selection, você vai precisar mudar uma informação.

Onde se lê **Options**, embaixo está escrito "House System" (sistema de casas).

Queremos usar o sistema Equal House (Casas Iguais) porque, por padrão, o sistema está ajustado para Placidus, o que é confuso demais para um novato e não vai funcionar para as sugestões que apresento no Capítulo 5 sobre as casas.

Logo, desça pelos sistemas de casas até a sexta opção, que diz "equal house", e clique nela.

Agora, você está pronto para clicar no botão azul à direita, onde se lê "Click here to show the chart" (Clique aqui para mostrar o mapa).

Clique nele, e seu mapa deverá ficar parecido com este:

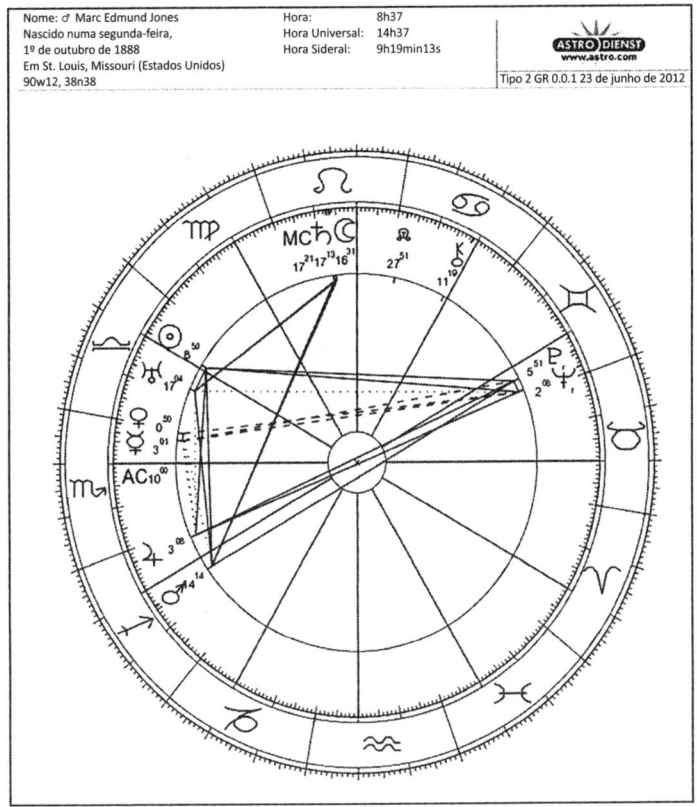

Neste exemplo, Marc tem Ascendente em Escorpião (não se aproxime demais, sou misterioso!), Sol na casa 11 (seja meu amigo, una-se a meu grupo) e a Lua em Leão (não me ignore, trate-me muito bem). Quando você criar seu mapa, verá diversas linhas no centro indo de planeta para planeta. Elas representam associações matemáticas fáceis ou desafiadoras entre os planetas, e são chamadas de Aspectos. Ignore-as.

Precisamos apenas de três informações. O **signo** do **Ascendente**, o **signo** da **Lua** e a **casa** do **Sol**.

Este é o símbolo do Sol:

E este é o símbolo da Lua:

As casas são numeradas de 1 a 12 no sentido anti-horário.

Estas são as formas que representam os signos; descubra qual corresponde ao seu. Elas são chamadas de glifos.

Áries ♈
Touro ♉
Gêmeos ♊
Câncer ♋
Leão ♌
Virgem ♍
Libra ♎

Escorpião ♏
Sagitário ♐
Capricórnio ♑
Aquário ♒
Peixes ♓

Os Elementos

Para compreender plenamente o seu libriano, você precisa levar em conta o Elemento em que estão seu Ascendente e sua Lua. Cada signo do Zodíaco está associado a um elemento sob o qual ele opera: Terra, Ar, Fogo e Água. Gosto de imaginar que eles atuam em "velocidades" diferentes.

Os signos de **Terra** são **Touro**, **Virgem** e **Capricórnio**. O Elemento Terra é estável, arraigado e ocupa-se de questões práticas. Um libriano com muita Terra em seu mapa funciona melhor a uma velocidade bem baixa e constante (refiro-me a eles no texto como "terrosos").

Os signos de **Ar** são **Gêmeos**, nosso amigo **Libra** e **Aquário** (que é o "Aguadeiro", mas *não* um signo de água). O Elemento Ar gosta de ideias, conceitos e pensamentos. Opera numa velocidade maior que a Terra; não é tão rápido quanto o Fogo, porém é mais veloz do que a Água e a Terra. Imagine-o como tendo uma velocidade média. (Refiro-me a eles como signos "aéreos".)

Os signos de **Fogo** são **Áries**, **Leão** e **Sagitário**. O Elemento Fogo gosta de ação e excitação e pode ser muito impaciente. Sua velocidade é *bastante* alta. (Refiro-me a eles como "fogosos", ou seja, do signo de Fogo).

Os signos de **Água** são **Câncer**, **Escorpião** e **Peixes**. O Elemento Água envolve sentimentos, impressões, pressentimentos e intuição. Opera mais rapidamente do que a Terra, mas não tão rápido quanto o Ar. Sua velocidade seria entre lenta e média. (Chamo-os de signos "aquosos".)

Capítulo 3

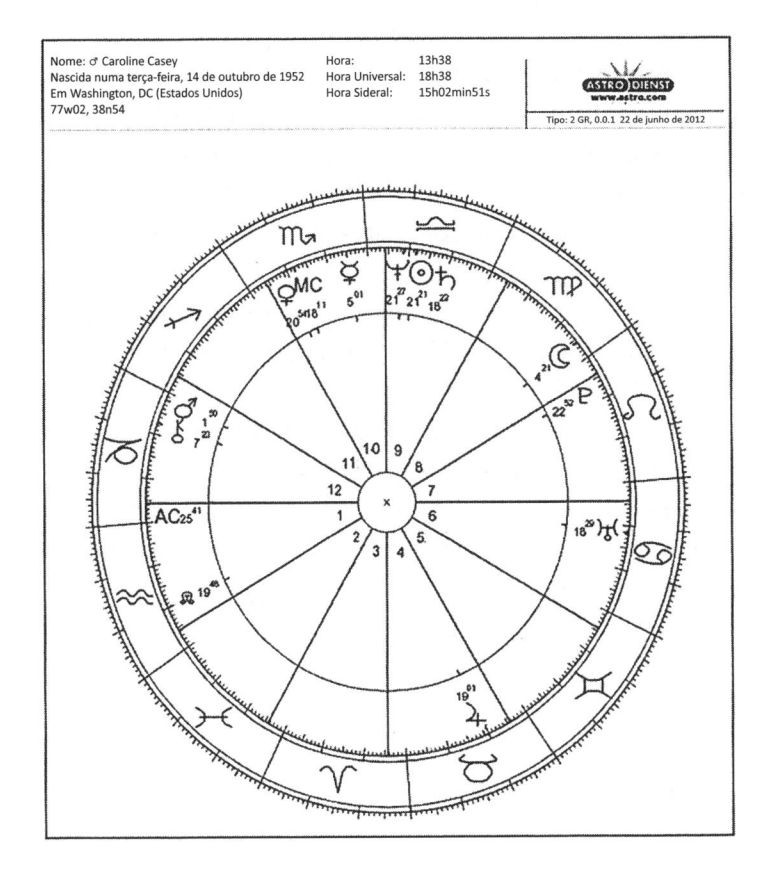

♎ O ascendente ♎

Nome: ♂ Caroline Casey
Nascida numa terça-feira, 14 de outubro de 1952
Em Washington, DC (Estados Unidos)
77w02, 38n54

Hora: 13h38
Hora Universal: 18h38
Hora Sideral: 15h02min51s

ASTRO DIENST
www.astro.com

Tipo: 2 GR, 0.0.1 22 de junho de 2012

No exemplo da página anterior, usei os dados de Caroline Casey, uma talentosa astróloga dos Estados Unidos. Preste atenção e você verá as letras ASC na posição das quinze para as nove. É o Ascendente, o ponto onde um mapa "começa". Ele é determinado pelo horário e pelo local de nascimento.

Se você imaginar que o centro do círculo é a Terra, o mapa do céu é aquele que você vê da Terra no momento do nascimento.

A razão pela qual é circular é que a Terra é cercada pelo universo; assim, a parte externa do mapa, que contém os signos do Zodíaco, representa o cosmos, e a parte interna, a Terra.

O Ascendente é a parte do céu que se elevava no horizonte oriental no dia do nascimento, e a cada duas horas muda de signo. Se Caroline tivesse nascido duas horas antes, teria o Ascendente em Aquário.

Se o seu libriano* nasceu entre as 4h e 6h da manhã num país acima do Equador, seu Ascendente provavelmente é Libra também... mas se nasceu algumas horas depois, seu Ascendente é o signo seguinte (que é Escorpião), e assim por diante ao redor do Zodíaco.

Ter a hora de nascimento correta é importante porque, se o seu mapa começar no signo errado, todas as casas (que vamos estudar no Capítulo 5) também estarão no lugar errado.

Se você não sabe o horário de nascimento de seu libriano, ignore este capítulo.

E se não consegue entender estas ideias, não se preocupe; tudo vai fazer sentido em breve.

---

* Para evitar construções repetitivas do tipo "se ele(a) é libriano(a)", mantive o gênero no masculino, exceto em casos específicos. (N. do T.)

♎ O ascendente ♎

Na Astrologia, o Ascendente representa a forma como você lida com a vida, as lentes que usa para enxergá-la e o modo como os outros o veem. Como depende da hora em que você nasceu, ele é bastante importante. O momento de nascimento é único para você, e a menos que alguém tenha nascido no mesmo horário, exatamente no mesmo lugar, seu mapa será diferente. Assim, quando dizemos que "todos os librianos apreciam a beleza", temos de modificar essa declaração conforme o signo Ascendente, e de acordo com outras partes de um mapa, que vamos estudar no capítulo seguinte.

Penso no Ascendente como a reação instintiva de alguém. Se a pessoa estiver estressada ou no centro das atenções, seu Ascendente ficará mais evidente do que o signo solar... e, senhorita, caso esteja namorando, o Ascendente dele é aquela parte que irá atacá-la nos primeiros minutos de contato. Não dá para descrever o número de mapas que fiz para pessoas que não conseguiam entender como ou por que estavam com aqueles parceiros... até montar os mapas de ambos e ver se seus Ascendentes eram compatíveis.

Vou lhe dar um pequeno exemplo.

A rainha Elizabeth II da Inglaterra tem Ascendente em Capricórnio, Sol em Touro e Lua em Leão. Seu marido, com quem é casada há mais de 64 anos, também tem Ascendente em Capricórnio, Sol em Gêmeos e... adivinhe? Também tem a Lua em Leão. Assim, não deve nos surpreender o fato de seus signos não serem particularmente compatíveis (o dela é de Terra e o dele, de Ar), pois suas Luas e seus Ascendentes, combinados tornaram seu casamento mais administrável.

Eis os diferentes Ascendentes e o que eles representam para um libriano. Incluí também pequenas frases de librianos famosos que têm esses Ascendentes.

Ascendente em Áries

Vá lá e faça o que você tem de fazer.
– Martina Navratilova

Como primeiro signo do Zodíaco, regido por Marte, o Deus da Guerra, Áries gosta de liderar e de se manter à frente da ação. Ele também é um signo de Fogo, e sua energia é ágil, rápida. Ele luta por aquilo que considera certo... e como é o signo oposto ao Sol em Libra, de vez em quando esses nativos se flagram tendo pensamentos ativos e combativos.

Ascendente em Touro

Não dá para ser uma artista de cinema quando você está lavando roupa ou comprando comida no supermercado local.
– Sigourney Weaver

Este é o signo do progresso lento e firme. Não dá para apressá-lo, e ele prefere ter uma base estável e segura em seus planos. Como a Terra é mais lenta do que todos os outros elementos, há tempo para conseguir organizar as coisas práticas da vida antes que as coisas *bonitinhas* aconteçam. Não atrase as refeições, ou vai aborrecê-lo!

Ascendente em Gêmeos

Não gosto de morar sozinho, e por isso é bom quando tenho alguém comigo. Não gosto de viajar sozinho, de estar sozinho, de comer sozinho, de fazer qualquer coisa sozinho. Nunca morei sozinho e sempre tenho alguém comigo, sejam amigos, sejam outros músicos.
– Cliff Richard

Regido por Mercúrio, o Deus da Conversação e da Comunicação, não há nada que um Ascendente em Gêmeos goste mais do que ter um bom papo, ou "debate" sobre a Vida, o Universo... e Tudo. Ele também quer se manter atualizado quanto ao noticiário, a filmes e entretenimento, e fica contente quando está cercado por companhias interessantes.

Ascendente em Câncer

As pessoas mais sofisticadas que conheço, por dentro, todas são crianças.
– Jim Henson

Câncer é o signo do acolhimento, da mãe, da receptividade doméstica e da honestidade emocional. Os nativos desse signo adoram usar roupas confortáveis e ganhar um abraço da família. Sua visão do mundo é obtida por meio de uma aura emocional na qual "todos se preocupam de verdade e sentem empatia com relação aos sentimentos alheios por todo o sempre".

Ascendente em Leão

É isto que sou: uma artista.
– Britt Ekland

O Ascendente em Leão dá ao Sol em Libra uma desculpa realmente boa para ele se exibir. Em seus melhores dias, seu lado Fogo, cálido, vai gostar do elogio e da adoração. Tapete vermelho e tratamento individual e personalizado serão muito bem recebidos. Dizer que alguém é mais esperto, mais sagaz, mais talentoso ou mais bonito não é uma boa medida; portanto evite comentários destrutivos se quiser manter a amizade.

Ascendente em Virgem

Algumas pessoas consideram a disciplina uma tarefa.
Para mim, é uma espécie de ordem, que me deixa livre para voar.
– Julie Andrews

Se você conseguir ignorar sua natureza preocupada, o Ascendente em Virgem vai garantir, de forma cuidadosa e diligente, que todos os itens foram checados e que cada pensamento, por menor que seja, foi levado em consideração. Se você conseguir tolerar a preocupação com a saúde, está a caminho da vitória. Se quiser que tudo esteja em seu lugar e que haja um lugar para cada coisa, o Ascendente em Virgem vai se incumbir disso sempre.

Ascendente em Libra

Tenha sempre como meta a harmonia completa em seus pensamentos, em suas palavras e ações. Tenha sempre como meta a purificação de seus pensamentos e tudo estará bem.
– Mahatma Gandhi

Ter o Sol e o Ascendente em Libra dobra a diversão. Justiça, equilíbrio, harmonia e graça são aspirações constantes. É possível que as atinjam numa única existência, mas isso nem sempre é provável, a menos que o nativo deseje ser beatificado. O que está claro é que este é o Ascendente que precisa ponderar cada pensamento e ação tendo em mente esse ideal.

Ascendente em Escorpião

Sempre fico muito contente quando um ataque é particularmente mordaz, pois penso "bem, se atacam pessoalmente o indivíduo, isso significa que não lhes restou nenhum argumento político significativo".
– Margaret Thatcher

Não é um Ascendente com o qual se deva brincar. Ele aposta com a vida e a morte, e o vencedor leva tudo. O Ascendente em Escorpião exige confiança e sinceridade emocional, por isso esqueça os blefes ou o pensamento confuso ou hesitante. Ele não se inflama com facilidade, se é que chega a fazê-lo, mas respeita a honestidade emocional e a verdade, independentemente do nível da dor.

Ascendente em Sagitário

Pela manhã, montamos em nossos cavalos e cavalgamos.
Peregrinos do verão. A agilidade é nosso guia.
– Marc Bolan

Vamos entrar num ônibus ou num trem, ou voar até algum lugar distante no exterior, num desses caprichos dos signos de Fogo. O Ascendente em Sagitário permite que o libriano se aventure em territórios amplos, alimentando as crenças e a alegria jovial de Júpiter, que o rege. Uma festa bem longa, para a qual todos serão convidados, deixa esse nativo feliz, e, desde que seus excessos não sejam muito exagerados, ele vai entusiasmar magicamente todos que estejam apreciando a cena.

Ascendente em Capricórnio

Seus filhos precisam mais de sua presença
do que de seus presentes.
– Jesse Jackson

De todos os signos, Capricórnio é o mais sério e o mais confiável... na maioria das vezes. Ele gosta da responsabilidade e não se esquiva de trabalhos duros, à moda antiga. Se outros elementos do mapa forem favoráveis, este Ascendente vai levar o libriano a ter uma postura sensata diante da vida, que leva em conta a fragilidade da natureza humana.

Ascendente em Aquário

Vamos aprender a demonstrar nossa amizade por um homem
quando ele está vivo, e não depois que ele morreu.
– F. Scott Fitzgerald

"Seja meu amigo, meu amigo profundamente fiel", é o chamado do Ascendente em Aquário, um sinal que o libriano gosta muito de transmitir, pois ele também é um signo de Ar, dado a pensamentos e discussões amalucadas. Quanto mais, melhor. A liberdade também está escrita no alto de seu mundo; logo, mantenha as ideias de restrição firmemente de lado e deixe que impere a fria calma.

Ascendente em Peixes

A meditação tem apenas uma razão: entrar em contato
com sua alma, e depois ir além disso para entrar em
contato com a consciência da qual sua alma é uma ondulação.
– Deepak Chopra

Peixes é o último signo do Zodíaco e contém pequenas parcelas de todos os outros signos misturadas com sensibilidade. Fadas, anjos e golfinhos salpicados com estrelas e coisinhas reluzentes – tudo isso faz com que ele pareça superficial quando na verdade ele é mais profundo do que qualquer oceano. O Ascendente em Peixes vai fazer com que o libriano entre em contato com suas almas gêmeas num dia bom, e, num dia ruim, perca o ônibus por ficar devaneando!

Capítulo 4

♎ A lua ♎

Se na Astrologia o Sol representa nosso ego, ou "eu", a Lua representa nosso eu interior, e, assim como a Lua (na vida real) reflete a luz do Sol, na Astrologia a Lua é nosso reflexo interior.

Ela também representa nosso eu emocional. Portanto o Sol é o eu racional, o ego, a energia do si mesmo, enquanto a Lua é o eu mais sutil, emocional e sentimental.

Tudo isso é interessante se estivermos praticando apenas a Astrologia dos signos solares, mas, se formos montar o mapa de alguém, que vai incluir não apenas o Ascendente, o Sol e a Lua, como outros oito planetas, então teremos um monte de coisas em que pensar.

Felizmente, não precisamos fazer isso neste livro. Estamos apenas estabelecendo os pontos básicos da Astrologia, o suficiente para respondermos a algumas questões da vida, e talvez o suficiente para ajudar-nos a compreender o libriano em sua vida.

Se o seu libriano tem um signo lunar diferente do solar (o que é bem provável, uma vez que a Lua muda de signo a cada dois dias), então uma parte dele, a parte racional, pode estar em conflito com a parte emocional, e, como Libra já tem problemas para tomar decisões, ter mais algumas coisas para se levar em conta pode criar uma bela confusão mental.

Logo, é importante compreender a Lua de seu libriano, pois é provável que ela se expresse mais quando ele estiver num dia ruim, de mau humor ou instável.

O mesmo se aplica a você.

Se, por exemplo, você é de Virgem e sua Lua está em Aquário, uma parte sua está feliz com a cautela e a meticulosidade, e sua parte mais oculta deseja ter liberdade e é estranhamente utópica. Essas partes nem sempre se entendem; por isso, se você der espaço para abrigar essas duas energias totalmente diferentes em sua psiquê, vai se sentir menos ansioso.

As Essências Florais do Dr. Bach

Em 1933, o Dr. Edward Bach, médico homeopata, publicou um pequeno livro chamado *The Twelve Healers and Other Remedies*.*
É interessante comentar que ele era um amável libriano com Lua em Leão.

Sua teoria era que se o componente emocional de que uma pessoa estivesse sofrendo fosse removido, sua "doença" também iria desaparecer. Costumo concordar com esse tipo de pensamento, pois a maioria dos males (exceto ser atropelado por um ônibus) é precedida por um evento desagradável ou por uma perturbação emocional que faz com que o corpo saia de sua sintonia.

---

* *Os Remédios Florais do Dr. Bach – Incluindo Cura-Te a Ti Mesmo e Os Doze Remédios*, publicado pela Editora Pensamento, São Paulo, 1990.

Remover o problema emocional e proporcionar alguma estabilidade à vida da pessoa, quando ela está passando por um momento difícil, pode melhorar tanto sua saúde geral que a pessoa volta a se sentir bem.

Saber qual Essência Floral de Bach pode ajudar a reduzir as preocupações e os abalos dá a seu libriano mais controle sobre a vida dele. Recomendo muito as essências em minha prática profissional quando sinto que alguma parte do mapa da pessoa está desequilibrada... e geralmente é a Lua que precisa de ajuda. As essências descrevem os aspectos negativos do caráter, que são focalizados durante o tratamento. Essa conscientização ajuda a inverter essas tendências, e por isso, quando nosso eu emocional está bem e confortável, podemos enfrentar o dia com mais forças.

Para cada signo, citei as palavras exatas do dr. Bach.

Para usar as Essências, pegue duas gotas do concentrado, ponha-as num copo com água e beba. Costumo recomendar que sejam postas numa pequena garrafa de água, para que sejam bebericadas pelo menos quatro vezes ao longo do dia. No caso de crianças pequenas, faça o mesmo.

Lembre-se de procurar um médico e/ou uma orientação profissional caso os sintomas não desapareçam.

Lua em Áries

Estilo é saber quem você é, o que você quer
dizer, e não ligar para nada.
– Gore Vidal

Quando a Lua entra em Áries, as coisas se aceleram e as emoções tornam-se rápidas e furiosas, o que pode ser difícil para o

Sol em Libra. Do ponto de vista positivo, esses nativos não guardam rancor, e, depois de tirarem "o que quer que seja" de seu sistema, eles voltam ao normal. O truque é lembrar-se de que o equilíbrio é a palavra de ordem de Libra, e que a de Áries é ação, de modo que fazer com que os dois se entendam pode ser um desafio e tanto.

Essência Floral de Bach *Impatiens*: *"Para os que são rápidos de raciocínio e ação e que desejam que tudo seja feito sem hesitação ou demora".*

Lua em Touro

Nunca faço televisão sem chocolate. Esse é meu lema e vivo segundo ele. Geralmente, escrevo os roteiros e me asseguro de que terei cenas com chocolate. Na verdade, sou como uma torta de chocolate, mas como de tudo. Fico espantada por ser tão magra.
– Dawn French

Para se sentir à vontade, a Lua em Touro precisa que todas as coisas físicas e práticas em sua vida estejam em ordem antes que possa se dedicar a qualquer coisa mais branda. Esses nativos também gostam de bom sexo, de chocolate, de bons vinhos, contato tátil, seda, cetim... já deu para perceber, não? Eles preferem um ambiente estabelecido, seguro, e odeiam ter de mudar só por mudar.

Essência Floral de Bach *Gentian*: *"Para os que se desencorajam facilmente. Podem progredir bem no que se refere às doenças ou questões da vida diária, mas qualquer imprevisto ou obstáculo a seu progresso gera dúvidas e logo se deprimem".*

Lua em Gêmeos

Tenho de conviver com meus dois eus
da melhor maneira possível.
– Brigitte Bardot

Como signo de Ar, a Lua em Gêmeos deseja comunicar-se de maneira aérea, e por isso os sentimentos são processados mentalmente e não emocionalmente. Esses sentimentos são leves, brandos e mudam constantemente. Para um libriano, isso agita um pouco as coisas, pois enquanto o Sol fica sopesando as coisas, a Lua fica alternando entre cada um dos gêmeos. Esses nativos se sentem melhor fazendo viagens curtas, conversando e escrevendo em seus diários.

Essência Floral de Bach *Cerato*: *"Para os que não têm confiança suficiente em si mesmos para tomar as próprias decisões".*

Lua em Câncer

Há sempre um momento na infância em que
a porta se abre e permite que o futuro entre.
– Graham Greene

A Lua se sente "em casa" no signo de Câncer e se apega às emoções... quase para sempre. Esses nativos gostam de bichos de estimação/animais/bebês bonitinhos e fofos, bem como de preparar refeições para a família e de estar dentro da unidade familiar. Como este é um signo de Água, sua energia é diferente da energia de Libra, e por isso pode haver certa confusão entre a postura racional de Libra e a emotividade de Câncer.

Essência Floral de Bach *Clematis*: *"Alimentam esperanças de tempos melhores, quando seus ideais poderão ser realizados".*

Lua em Leão

Nada é tão contagiante quanto o entusiasmo.
– Samuel Taylor Coleridge

NÃO ignore a pessoa com Lua em Leão. Ela quer respeito, atenção, alguns tapetes vermelhos e pessoas agradecendo-lhe (profusamente) por sua magnanimidade. Se estiver do seu lado, você terá um amigo pelo resto da vida, que vai cobri-lo de recompensas, atenção, raios de sol e felicidade. Mais do que qualquer outra coisa, ela gosta de ser adorada e se sente reconfortada quando seus sentimentos são reconhecidos.

Essência Floral de Bach *Vervain*: *"Para aqueles que têm ideias e princípios rígidos que consideram certos".*

Lua em Virgem

Saúde, Cura, Sagrado, Integridade.
São todas a mesma palavra.
– Deepak Chopra

Virgem é o signo da saúde e da cura e tem a tendência a se preocupar com a... preocupação. Ele gosta das coisas limpas e "no lugar", e qualquer tipo de desordem deixa-o agitado. Geralmente, são almas gentis que nada mais querem do que tudo no seu lugar. Pureza e limpeza são fundamentais, e a saúde e a cura estão no alto de sua lista de coisas para fazer.

Essência Floral de Bach *Centaury*: *"Sua natureza boa as conduz a fazer mais do que a sua parte do trabalho e, ao fazerem isso, negligenciam a própria missão nesta vida".*

Lua em Libra

Para mim, amor é quando você encontra uma pessoa e pensa
"É isso; é com esta pessoa que eu deveria estar".
– Kate Winslet

O Sol em Libra adora relacionamentos, e a Lua em Libra também, de modo que essa combinação pode produzir uma pessoa que não deseja nada além de estar no relacionamento "perfeito". Bem, somos apenas seres humanos, e por isso é preciso absorver certa dose de realidade para ficarmos mais satisfeitos. Mas ela também aumenta a indecisão, pois estão sempre querendo fazer a escolha "certa" e podem acabar sem escolher nada porque ficam ocupados demais com a decisão.

Essência Floral de Bach *Scleranthus*: *"Para aqueles que sofrem muito por serem incapazes de decidir entre duas coisas, inclinando-se ora para uma, ora para outra".*

Lua em Escorpião

O ponto do poder está sempre
no momento presente.
– Louise Hay

A Lua em Escorpião está firmemente focada em ter o poder emocional para suportar qualquer perturbação emocional. Ela é determinada, voluntariosa. Seus olhos de raios X veem o fundo de sua alma, e por isso você precisa piscar para impedir a intromissão. Fiel e dedicado a chegar ao centro de suas crenças, profundamente arraigado, esse nativo percebe uma mentira a cinquenta passos de distância.

Essência Floral de Bach *Chicory*: *"Estão continuamente afirmando o que consideram errado e o fazem com prazer"*.

Lua em Sagitário

Há mais sabedoria em seu corpo do que em
sua filosofia mais profunda.
– Friedrich Nietzsche

Outro signo de Fogo, a Lua em Sagitário adora discutir os planos superiores da vida, adora viajar (de forma literal e metafórica) e, do mesmo modo, vai apresentar as coisas "tal como são". Não abre mão de suas convicções pessoais e gosta de culturas, culinária e ideias estrangeiras. Regido pelo benevolente Júpiter, o deus da Expansão, esse nativo também tem a tendência a exagerar.

Essência Floral de Bach *Agrimony*: *"Escondem suas preocupações por trás de seu bom humor e de suas brincadeiras, e tentam suportar seu fardo com alegria"*.

Esta Essência aparece sob o subtítulo "Sensibilidade excessiva a influências e opiniões".

Lua em Capricórnio

*Se você mantiver esse sentimento impulsivo,
instintivo, mesmo quando estiver sendo vencido,
exausto, ou tiver sofrido um golpe, terá sucesso.*
– Michael Douglas

Um dos signos mais severos que a Lua pode ter; são muito bons na autocrítica e até um pouco rigorosos consigo mesmos. Gostam de desafios. Detestam a trivialidade. Preferem experiências emocionais profundas e podem suportar mais desapontamentos do que a maioria das pessoas graças a uma postura interior forte.

Essência Floral de Bach *Mimulus*: *"Para medo de coisas terrenas: doenças, dor, acidentes, pobreza, escuridão, solidão, infortúnio. São os medos da vida diária. As pessoas que necessitam deste medicamento são aquelas que, silenciosa e secretamente, carregam consigo medos sobre os quais não falam a ninguém".*

Lua em Aquário

*Adoro todo mundo e todos me adoram. Meu aparente inimigo torna-se
meu amigo, um elo dourado na minha corrente do bem.*
– Florence Scovel Shinn

A Lua em Aquário, de pensamento independente, sente as coisas de modo diferente do que os outros signos. A amizade e o altruísmo são suas maiores prioridades, bem como o estado do mundo, do planeta e da comunidade. Seus sentimentos são menos voltados para a angústia e mais para a liberdade e a falta de restrições. Regido pelo amalucado Urano, tende a ser individualista e diferente.

Essência Floral de Bach *Water Violet*: "*Para aqueles que gostam de ficar sozinhos, que são independentes, capazes e autoconfiantes. São indiferentes e seguem seu próprio caminho*".

Lua em Peixes

Você não merece crédito por ser bela aos 16 anos.
Mas, se você é bela aos 60, isso foi obra de sua alma.
– Marie Stopes

Esta é a Lua da sensibilidade extrema. Fadas, anjos e amores da alma, há muito perdidos. Os sentimentos são intuitivos e, num dia ruim, sufocantes. Um signo lunar difícil para o libriano por conta da tendência ocasional a perder completamente o rumo. Trato delicado e todas as formas de espiritualidade são alvo de interesse. A vida não é o que parece.

Essência Floral de Bach *Rock Rose*: "*Para casos em que parece não haver qualquer esperança ou quando a pessoa está muito assustada ou aterrorizada*".

Capítulo 5

♎ As casas ♎

Creio que, por ser de Peixes e ter muita imaginação, nunca tive problemas para entender o que é uma casa. Não posso dizer o mesmo em relação a todos, e, assim, espero que esta pequena explicação ajude a esclarecer um pouco as coisas.

Se imaginarmos que o centro do mapa natal é a Terra girando no espaço, o Ascendente, de que já falamos, é o horizonte, olhando à distância na direção do leste (se você vive no hemisfério ocidental). Se traçarmos uma linha através do mapa desde esse ponto, ele representa o momento do nascimento, e quando ele chega ao outro lado do círculo, atinge um ponto que chamamos de sétima casa. É que se você dividir um círculo em doze partes, aquela que se opõe ao nosso ponto de partida no Ascendente (chamada de Descendente) será a sétima seção.

Os primeiros astrólogos chamavam as casas de "Mansões", pois eram os lugares nos quais os planetas "moravam" no mapa. Eu uso o sistema de Casas Iguais, que é o mais antigo, e por isso todas as minhas casas são do mesmo tamanho. A maioria dos programas de computador e dos sites usa um sistema chamado Placidus, que só foi introduzido na Inglaterra no século XVIII e dá a cada casa um tamanho diferente, sendo muito confuso para um principiante.

Nós dividimos o círculo no sentido anti-horário, ou, como dizem nos Estados Unidos, no sentido contrário ao do relógio.

Os signos do Zodíaco são a forma como dividimos o céu; eles não têm nada a ver com as constelações.

Fiquei numa terrível enrascada um dia antes de apresentar uma palestra de Astrologia para um grupo de amigos de Glastonbury. Estava monstrando alegremente meu *flip chart* sobre o mundo e o firmamento para meu adorável marido, dizendo-lhe que o fato de ele ter o Sol na casa 8 significava que ele era mais intenso do que outros taurinos, quando ele perguntou, com toda a inocência, por que cada casa tinha um significado.

DÃ!

Dei-lhe a resposta astrológica, mas ela não foi suficiente; ele queria saber a razão científica... que, naturalmente, é: não há explicação científica.

A Astrologia usa princípios astronômicos, mas não são a mesma coisa.

A Astronomia trata da posição dos planetas, o que fazem, sua idade, suas órbitas, e de todas as outras "coisas" do espaço, inclusive buracos negros, constelações, estrelas, planetas, cometas e asteroides. Meu dicionário a define como a "ciência dos corpos celestes".

A Astrologia fala sobre como esses planetas e o Sol (que é uma estrela) relacionam-se conosco, seres humanos sobre a Terra, levando em conta o fato de que estamos todos vivendo no mesmo espaço. Não estamos separados deles. Meu dicionário a define como o "estudo dos movimentos planetários, entre outras coisas, considerando sua influência sobre os assuntos humanos".

Assim, os astrônomos não falam de Vênus refletindo amor e afeto. Falam de sua profundidade, seu diâmetro, seu tamanho, sua órbita, sua área de superfície e de montes de outras coisas matemáticas... todas muito áridas.

O lugar do Sol no mapa é determinado pelo horário de nascimento. Quanto mais tarde você nasce, mais avançado no círculo o Sol está. Se o seu libriano nasceu por volta da hora do almoço, seu Sol (o pequeno círculo com um ponto no meio) estava na posição mais elevada do mapa em torno das casas 9 e 10.

Seu libriano ainda é um libriano. Ainda preocupado com beleza e justiça, mas a localização do Sol modifica essa expressão. Uma pessoa com o Sol na casa 7 é bem diferente de outra com o Sol na casa 4.

Admito que a diferença é pequena, mas ela exige muita atenção dos astrólogos e, no que me concerne, torna o assunto mais vivo para mim.

Um libriano com Sol na primeira casa teria mais chances de lhe dar um tapa na cabeça do que alguém com o Sol na décima segunda, se você fosse rude com ele?

Em seu livro *How to Read Your Astrological Chart* (um livro maravilhoso, que todo estudante de Astrologia deveria ler), Donna Cunningham diz: "Se as cúspides intermediárias fossem divisões reais e não artificiais, não existiria tal controvérsia entre elas".[13]

É isso mesmo. Não existe motivo óbvio para que cada casa signifique alguma coisa enquanto você não começa a comparar os mapas das pessoas, mergulhando no assunto.

Como este é um livro pequeno e não tenho espaço para explicar ou demonstrar o assunto em detalhe, peço-lhe que aceite minha palavra: cada casa tem um significado, e tudo que você precisa saber no momento é qual o significado que melhor se encaixa com seu libriano.

Vou apresentar apenas as interpretações para as posições do Sol no mapa, e não da Lua; do contrário, este livro custaria duas vezes mais. Por isso, você terá de usar o site astro.com (ou entrar em contato comigo) caso queira saber mais.

Apresento a seguir as doze casas e explico o que significa o Sol em cada uma delas. Se você montou corretamente o mapa de seu libriano, este símbolo ☉ estará numa dessas divisões. Nos mapas que usamos como exemplo, de Marc e de Caroline, o Sol cai na casa 11 e na 9, respectivamente.

Mais uma vez, os exemplos a seguir são de pessoas reais cujos horários de nascimento nós conhecemos; por isso, podemos ter a certeza de que as características estão corretas.

Também incluí a informação sobre o signo em que o Ascendente recairá, pois ele muda conforme o Sol viaja ao redor do círculo.

A Primeira Casa: Casa da Personalidade

Sou uma espécie de anarquista espiritual. Sou bem assim, provocador. Não ligo para instituições. Me preocupo com as pessoas. Não ligo para conversa mole.
– Stuart Wilde

É aqui que o mapa começa. Por isso, se o seu libriano tiver o Sol nesta casa, ele terá uma postura mais desafiadora, mais ativa, alerta e presente do que alguém cujo Sol esteja numa casa subsequente. Ele gosta de se manter à frente das coisas, toma decisões e julga rapidamente. É uma posição mais assertiva.

(Ascendente Libra ou Virgem)

A Segunda Casa: Casa do Dinheiro, de Bens Materiais e da Autoestima

Posso resistir a tudo, menos às tentações.
– Oscar Wilde

A casa 2 é o ponto no qual o Sol em Libra desacelera um pouco e deseja sentir o cheiro das rosas. Ele gosta de bons vinhos, boa comida e de uma situação financeira estável. O chocolate o atrai, bem como uma vida sexual saudável. A vida terá bases mais práticas, e ele adora o contato tátil, físico. Prefere ter segurança financeira e portanto pode se preocupar um pouco com dinheiro, mas, do mesmo modo, sua visão de vida é prática e habilidosa.

(Ascendente Virgem ou Leão)

A Terceira Casa: Casa da Comunicação e de Viagens Curtas

Sempre fui muito boa com mudanças.
Ou seja, minha vida sempre tratou de mudanças.
Durante onze anos, fui colunista no Mirror.
Fiz onze anos de Pontos de Vista.
– Anne Robinson

Como nosso amigo do terceiro signo, Gêmeos, o Sol na terceira casa deseja ir para lá e para cá, manter-se conectado, com o celular de prontidão, sempre ágil. Ele pode mudar bastante de casa ou de cidade, e no alto de sua lista estarão variedade e diversidade. Ele também irá se sentir muito melhor tendo algum meio de transporte, seja uma bicicleta, uma moto, um carro ou, se tiver dinheiro para isso, um motorista particular.

(Ascendente Leão ou Câncer)

A Quarta Casa: Casa do Lar, da Família e das Raízes

Sempre quis que minha música influenciasse sua relação emocional com sua família, namorada, esposa, e, num dado ponto, com seus filhos.
– Bruce Springsteen

O Sol em Libra na quarta casa preocupa-se com a família e com todas as coisas domésticas e aconchegantes. Ele pode ter um monte de bichos de estimação ou de brinquedos bonitos, ou nunca querer sair de casa, sentindo-se feliz na presença de parentes próximos. Sua casa terá causado nele uma forte impressão, boa ou ruim, e ele pode ser um pouco sentimental.

(Ascendente Câncer ou Gêmeos)

A Quinta Casa: Casa da Criatividade e do Romance

Este [é o] Espírito que criou todas as formas tradicionais e deverá sempre criar novas formas.
– Edith Stein

Esta é a casa que deseja criar, seja arte, música, dança ou, do mesmo modo, um monte de bebês. Eles gostam de ser admirados, respeitados e adorados. O romance está no alto de suas prioridades e eles podem se apaixonar pelo próprio amor. Ficam muito contentes "fazendo" coisas, seja drama, histórias ou confusão!

(Ascendente Gêmeos ou Touro)

A Sexta Casa: Casa do Trabalho e da Saúde

Ser um pai consciente, cuidando de
verdade da saúde mental e física daquele
pequeno ser, é uma responsabilidade.
– John Lennon

A sexta casa governa nosso trabalho e nossa saúde e pode tornar o nativo mais preocupado com problemas de saúde, tanto pessoais quanto de pessoas próximas. Eles também trabalham melhor quando as coisas estão organizadas e no lugar. Bagunça não vai funcionar aqui. Eles gostam de ordem e que as coisas sejam dispostas de determinada maneira.

(Ascendente Touro ou Áries)

A Sétima Casa: Casa dos Relacionamentos e do Casamento

Admito que o ideal da harmonia justa e
equilibrada entre as pessoas me atrai.
– Stephen Arroyo

Quando atendo clientes com o Sol nessa casa, sempre "prescrevo" um relacionamento pessoal íntimo, pois eles se sentem vazios e incompletos como pessoas sem terem alguém para refletir suas ideias e lhes dar apoio. Como esta casa é semelhante ao sétimo signo, que é Libra, uma pessoa com o Sol aqui gosta de compartilhar. O único inconveniente é que elas podem se deixar influenciar tanto pelo parceiro que perdem a própria identidade; portanto, vivem num equilíbrio complicado entre independência e união.

(Ascendente Áries ou Peixes)

A Oitava Casa: Casa da Força Vital no Nascimento, no Sexo, na Morte e na Vida Após a Morte

Se eu for para o Inferno, vou tocando piano.
– Jerry Lee Lewis

Como esta é uma das mais intensas casas do mapa astral, ter o Sol em Libra nela produz alguém com mais foco, possivelmente uma pessoa profundamente passional. Pode não ser alguém apaixonado pelo amor em si, mas com sentimentos profundos por seu assunto favorito.

(Ascendente Peixes ou Aquário)

A Nona Casa: Casa da Filosofia e de Viagens Longas

Estou tomada por um entusiasmo abundante por minha jornada heroica. Abro meu caminho diante de mim e me concedo a oportunidade de fazer o maior bem possível no mundo.
– Caroline W. Casey

Explorar países estranhos e lugares distantes, mesmo que em revistas e não pessoalmente, mantém o Sol da nona casa eternamente feliz. Uma educação continuada e viagens longas estão garantidas, bem como o desejo de ser inspirado por outras culturas.
(Ascendente Aquário ou Capricórnio)

A Décima Casa: Casa da Identidade Social e da Carreira

A música é uma coisa que preciso fazer,
negócios são algo que preciso fazer, e a África é algo
que preciso fazer. É dessa maneira que
divido as coisas na minha vida.
– Bob Geldof

Este é o ponto mais elevado que o Sol pode ocupar num mapa; portanto, se o Sol em Libra estiver aqui, será maior a probabilidade de que ele queira ser bem-sucedido no que faz; ser o segundo melhor não basta. A ambição pode movê-lo, e é essencial ter um trabalho significativo.
(Ascendente Capricórnio ou Sagitário)

A Décima Primeira Casa: Casa da Vida Social e da Amizade

A amizade acarreta uma mistura paradoxal entre
intimidade e individualidade. Amigos, como famílias,
não têm nenhum controle sobre os outros para
que vivam de determinada maneira.
– Thomas Moore

Como esta é a casa da amizade e do altruísmo, nela, o Sol libriano vai levar a pessoa a passar algum tempo em grupos e organizações que beneficiam a "humanidade". Pode haver ainda a tendência a evitar a intimidade e a ser um pouco mais distante nos relacionamentos, pois existe a necessidade de ter a liberdade de "ser". Ele gosta de trabalhar com os outros, de ser uma pequena engrenagem numa grande máquina. Provavelmente, também deseja "salvar o mundo".

(Ascendente Sagitário ou Escorpião)

A Décima Segunda Casa: Casa da Espiritualidade

Cada um deve encontrar sua paz no seu interior.
E a paz, para ser real, não pode ser afetada
por circunstâncias externas.
– Mohandas (Mahatma) Gandhi

Esta é a casa que exige proteção e tempo longe das agressões e da crueza da vida. O nativo precisa de tempo sozinho para meditar, de tempo para contemplação e, no mínimo, de um lugar especial para onde ir, mesmo que seja um chuveiro com muita água. Se estivesse numa banda, faria parte do *backing vocal*, não seria o cantor principal. Ele gosta de assumir os bastidores de organizações e trabalha melhor quando está recluso.

(Ascendente Escorpião ou Libra)

Capítulo 6

♎ As dificuldades ♎

Concordo com o que o libriano Thomas Moore disse sobre o tema do amore, seu livro *Care of the Soul*:

> Muitos dos problemas levados pelas pessoas à terapia envolvem expectativas elevadas e as experiências profundas do amor. Fica claro que o amor nunca é simples, que traz com ele conflitos do passado e esperanças para o futuro, e que ele está carregado de materiais que podem estar conectados remotamente – se é que o estão – à pessoa que parece ser o objeto do amor.[14]

As pessoas raramente marcam uma consulta comigo para me dizer como seus parceiros são amáveis e como a vida em comum é maravilhosa. Talvez seja irreal esperar que o amor una a todos e achar que por causa dele todos viverão "felizes para sempre", mas, do mesmo modo, penso que é importante não se esquecer do que você está almejando.

Isso é representado pelo glifo de Libra, a balança. Enquanto estão vivendo satisfatoriamente e as coisas são avaliadas segundo suas expectativas, tudo vai bem. Mas quando o equilíbrio fica abalado, os librianos mostram-se quase tão hesitantes quanto os piscianos. Eu disse "quase" porque os piscianos são os que mais se mostram hesitantes.

Uma das maiores dificuldades para qualquer libriano é a tomada de decisão. É quase como se eles se tornassem duas pessoas enquanto buscam uma posição. Não há muito que possamos fazer para ajudar além de dar apoio ao processo de tomada de decisão. Lembre-se, não o apresse; isso só vai piorar as coisas.

Incluí as poucas perguntas autênticas que me fazem durante meus atendimentos e respostas ou sugestões tais como as que dou ou faço.

Meu libriano não sabe se quer se casar neste ano ou no próximo, e onde devemos morar depois do casamento, nem o emprego que ele deve ter.

Esses dilemas são constantes para os librianos. Todas essas coisas para pensar e serem "esclarecidas" em sua cabeça. Eles se preocupam porque, se tomarem as decisões erradas, terão de conviver com as consequências e os arrependimentos.

Se formos seguir o que Eckhart Tolle nos orienta a fazer em *The Power of Now*, é melhor:

a) lidar com uma coisa de cada vez, e
b) não ficar pensando com muita antecipação.

Em vez de se preocupar com todas as coisas que podem acontecer *depois* do casamento, seria melhor essa pessoa se concentrar no casamento em si. Você pode adotar uma tática de procrastinação, dizendo que só vai falar do lugar onde vão morar ou do emprego *depois* do casamento. E, então, pôr em prática os planos para que o casamento aconteça da maneira mais tranquila possível.

Meu libriano detesta o emprego dele, mas não quer sair de lá porque ganha bem.

Conheço muitos librianos que têm mais de um emprego. Isso é bem estranho. Podem ser mãe e terapeuta, ou ter mais de um emprego de meio período. Isso costuma acontecer por causa do velho ditado que diz que a "grama do vizinho é sempre mais verde". No caso desse dilema, não adianta nem ele pensar em trocar de emprego se não tiver um plano para encontrar outro!

Se ele mandar seu currículo para alguns empregadores e receber *feedback*, pode acabar descobrindo que seu emprego atual é melhor... ou não. Mas nada irá acontecer se ele ficar apenas reclamando do emprego atual.

A menos que você seja um profissional autônomo, todo emprego pode se tornar entediante. O melhor a fazer é pensar se o emprego atual de seu libriano é coerente com suas motivações, sua postura e seus ideais mais profundos. Trabalhar para alguém que emprega crianças, ou que não treina sua equipe, ou que distorce as regras (o que é um grande pecado para um libriano!), ou que infringe a lei de forma sub-reptícia faz com que seu libriano se sinta mal, e nesse caso sugiro que ele troque de emprego bem depressa.

Meu libriano diz que eu não o amo como deveria.

Esta é uma situação muito triste para um libriano. O amor é uma entidade tão abrangente que, se o libriano não se sentir bem com ele, a vida ficará terrível, pois ele vai criticar todas as suas ações, seus pensamentos e suas sugestões.

Uma jovem chamada Cher me mandou um e-mail falando de seu problema. Ela tem trinta e poucos anos, mora com seu companheiro e tem um filho de Libra. Ela é formada em medicina naturopática. Perguntei-lhe como ela gostaria de ser amada, e Cher disse o seguinte:

"Como eu gostaria de ser amada? Atualmente, este é o cerne da minha tristeza, pois não creio que meu companheiro me ame do jeito que desejo. Quero ser amada com honestidade e com paixão. Quero me consumir nesse amor. Sinto-me incompleta quando estou solteira, apesar de saber que fico mais feliz dessa maneira, pois não faço concessões só para manter um relacionamento. Quero que me digam, com palavras que toquem o meu coração, como sou vista e compreendida, valorizada e estimada. Quero sentir uma conexão com o coração. Não me interessam flores ou chocolates. Anseio por um amor arriscado, que às vezes machuca. Parece que faz anos que vivo sem sentir amor por meu companheiro, e lentamente minha paixão foi secando, até que eu a perdi; tornei-me cínica e amarga. Quero que o amor entre na minha vida como uma colisão, iluminando-me e tornando a acender minha paixão pela vida".

Como essa moça me forneceu seus dados de nascimento, podemos estudar algumas sugestões para seu problema.

O Ascendente dela é Gêmeos, e por isso ela precisa estar num ambiente mutável, cercada por pessoas interessantes, e ela aprecia viagens curtas e diárias. Minha mãe, de quem já falei em meu livro *Como se Relacionar com um Aquariano*, também tem Ascendente em Gêmeos e, embora nunca tenha aprendido a dirigir, saía todos os dias para caminhar, andar de bicicleta, pegar carona com uma amiga, de táxi ou usando o metrô.

Cher tem o Sol na quarta casa, o que sugere que ela precisa trabalhar em casa; e, se for fazer isso, por ser de Libra, vai precisar que seu ambiente seja bonito e organizado. Perceba que não estou fazendo recomendações sobre seu relacionamento, pois esse não é o verdadeiro problema. É muito difícil que o amor venha a você – qualquer tipo de amor – se você estiver se sentindo amargurado e preso. Por isso, antes de qualquer coisa, precisamos nos assegurar de que ela esteja feliz e contente em seu ambiente e com sua situação de vida, antes de podermos lidar com o relacionamento.

"Vivo adiando as coisas porque tenho medo de estar errada, a ponto de ter e-mails demais em minha caixa porque não tenho certeza se devo apagá-los ou não. Do mesmo modo, tenho essas coisas que fico guardando em casa – posso querer essa "coisa" ou precisar dela em algum momento, embora viver em um ambiente bagunçado me deixe estressada e deprimida. Abrir mão das coisas é ainda mais difícil agora que tenho um filho – fico apegada a todas as lembranças e me sinto triste quando preciso me livrar de algo que ele criou ou de que gostava. Quero viver numa casa sem coisas acumuladas! Mas estou me afogando nelas."

Eu sugeriria que ela fizesse uma boa limpeza em sentimentos e trastes velhos, sem se preocupar se está jogando fora coisas que possam ser importantes. Penso ainda que a imensidão da tarefa está fazendo com que ela pareça pior do que realmente é. Passar uma hora por dia livrando-se de tranqueiras será melhor, e menos doloroso, do que fazer um grande expurgo. Ela também se beneficiaria do fato de estar definindo realmente o que é inútil para ela.

Serão montes de sacos de plástico, brinquedos do filho, revistas e jornais espalhados pela casa ou caixas com coisas que ela nunca irá usar?

Depois de ter definido o que é tranqueira (que é diferente para cada pessoa), Cher pode se livrar dela.

Também pode ser útil traçar um pequeno plano e mantê-lo em algum lugar visível, para que ela se lembre do que está fazendo e do motivo que a levou a fazer isso. Ela não está se livrando de coisas inúteis; está se libertando da sensação de estar presa numa caixa.

Porém, creio que tornar-se mãe envolve mesmo certa quantidade de material extra. Todas essas coisas que pertencem aos filhos, como carrinhos, casacos, roupas, livros, brinquedos e tudo com que a criança gosta de brincar quando é pequena, vão se acumulando. Quando eles ficam mais velhos, essas coisas desaparecem como por milagre. Sei que é difícil ser "zen" quando você tem filhos pequenos, e por isso pode ser mais prático e menos estressante aceitar que com a maternidade virão montes de coisas. Quando meu filho era pequeno, eu mostrei a ele como deveria arrumar seu quarto. Eu não lhe *disse* como arrumá-lo; nós fizemos isso juntos.

Os librianos preferem fazer coisas com outras pessoas a fazê-las sozinhos, e o "trabalho em equipe" funciona bem com os pequenos librianos, de modo que Cher poderia sugerir que seu filho a ajudasse um pouco todos os dias.

A Lua dela está no signo de Escorpião, e, como já descobrimos, a energia de Escorpião é intensa e emocional. Ela quer sentir paixão. Ela até menciona que procura um "amor arriscado, que às vezes machuca". Creio que envolver-se num amor *arriscado* e que *machuca* não deva ser muito atraente para seu Sol em Libra. Isso é algo que sua Lua deseja, e por isso teremos de encontrar um meio de satisfazê-la, mas sem deixar de manter feliz o seu signo solar.

É necessário equilibrar suas necessidades com as de seu filho, e um amor arriscado não é algo que combine muito com o fato de ser mãe. Talvez ela possa se prometer um pouco disso quando seu filho já tiver crescido, ou quem sabe ela possa passar algum tempo fazendo algo mais arriscado, como aprender a pular de paraquedas ou coisa parecida em benefício de alguma caridade. É importante equilibrar a maternidade com a paixão – não é impossível, mas talvez seja um pouco mais desafiador. Ela poderia contratar uma babá para cuidar de seu filho num fim de semana. Com isso, ela e seu companheiro poderiam passar uns dias em algum lugar distante e "natural", como o litoral norte da Inglaterra, um lugar lambido pelo vento e bonito, que preenchesse sua necessidade interior de beleza.

Capítulo 7

♎ As soluções ♎

E não deveríamos nos amar do fundo de nosso coração –
precisamos guardar rancor uns dos outros se
não nos amarmos perfeitamente?
– Friedrich Nietzsche
(Ascendente Escorpião,
Sol na 11ª casa, Lua em Sagitário)

Espero que você esteja compreendendo um pouco melhor aquilo de que os librianos gostam e aprendendo como amar um deles, pois esta é sua razão de ser. Neste capítulo, vamos discutir táticas para usar, caso o seu libriano precise de *mais* amor. Você vai perceber quando ele estiver se sentindo assim, pois ele vai começar a dar respostas engraçadinhas ou a cortar os comentários. Ele não se mostrará nem rude, nem violento (librianos raramente o são), mas vai ficar rabugento e questionador.

Você vai saber se o seu libriano está seriamente se sentindo pouco amado quando ele não discutir com você e agir passivamente. Esta é uma situação bem triste para um libriano.

O amor é tão importante para os librianos que, se eles não o sentem direito, sua vida se torna extremamente difícil.

Celia nos ajuda mostrando exatamente quais são as coisas importantes para que ela se sinta amada:

> *"Gentileza, atenção – lembrar dos aniversários, comprar coisinhas para o outro sem motivo, só para mostrar seu carinho, fazer algo para ajudar sem que lhe peçam. O cuidado da casa é importante para os dois, sem tarefas específicas para cada um. Manter contato regularmente, nem que sejam algumas palavras num texto ou num cartão-postal, mostrando que vocês estão juntos em espírito. Saber quando o outro não está se sentindo tão bem, mostrar preocupação sincera e tentar ajudar de alguma forma. Pequenos elogios e cumprimentos por alguma coisa. Funcionar como uma unidade próxima, amável, calorosa, com uma rede de apoio mútuo, mas sendo um indivíduo dentro dessa unidade".*

Jacqueline, que é gerente de suporte de mídia para uma editora de Nova York e professora de *yoga* em meio período, diz como gosta de ser amada:

> *"Sem julgamento – exatamente do modo como meu marido me ama. Ele me ama com paciência e compreensão. Independentemente de meus defeitos, de meu temperamento, de minha personalidade ou do mau humor ocasional. É ótimo ser amada por alguém que sempre vê o que há de bom em você, de forma incondicional".*

Lembre-se das Essências Florais que mencionei no Capítulo 4; elas fazem maravilhas durante períodos de incerteza.

Ascendente ou Lua em Áries

Faça alguma atividade física com seu libriano. Tire-o de casa, leve-o para algum lugar onde ele possa bater uma bola, correr ou tirar as emoções do sistema sem ficar batendo na sua cabeça. Uma rodada de golfe, uma partida de tênis, algumas horas de natação, um pouco de *squash*, queimada ou basquete – algum jogo competitivo, mas nada que ponha você na linha de fogo (portanto, não vão praticar tiro ao alvo)... Áries lida com o corpo e com a energia, e por isso o ideal é praticar alguma atividade energética. Assim, ele poderá despejar seus sentimentos no gramado, na quadra ou na piscina, e você poderá "estar" lá para apoiá-lo quando isso acontecer.

Ascendente ou Lua em Touro

Pegue a chaleira e arrume uns bolinhos com baixas calorias. Ou faça algo ainda melhor e leve seu libriano para comer num bom restaurante. Um lugar bonito, com bela ambientação, no qual o papel de parede combina com as toalhas de mesa, onde os funcionários usam uniformes limpos e bonitos. Nem pense em encomendar algo no *delivery* ou em ir a um *fast-food*; isso não vai funcionar enquanto ele estiver nesse estado mental. Faça tudo devagar, não o apresse, e deixe-o falar – ou não.

Ascendente ou Lua em Gêmeos

Você vai precisar de algum meio de transporte para fazer com que a combinação Libra/Gêmeos se sinta melhor. É fato que ele se sente melhor fazendo alguma viagem curta, mudando de cenário; logo, ponha-o no carro e deixe-o falar, falar, falar... até não restar mais nada para dizer sobre o problema. Quando ele começar a comentar sobre os transeuntes ou o cenário, você saberá que ele está se sentindo um pouco melhor.

Ascendente ou Lua em Câncer

Convide seu libriano com o Ascendente ou a Lua em Câncer para uma refeição que você tenha preparado carinhosamente em casa. Não precisa ser nada *gourmet*, mas precisa ter sido feito com amor por suas próprias mãos. Ignore quaisquer comentários do tipo "eu teria feito melhor"; isso é o lado resmungão dele saindo para passear. Contenha-se e deixe-o relaxar, desfrutando de sua companhia, alguém que se importa com ele. Se houver animais domésticos ou crianças pequenas com quem brincar, ele vai se sentir melhor.

Ascendente ou Lua em Leão

Você terá de se esforçar um pouco mais para agradar um libriano com componentes em Leão. Ele não se contenta com o segundo lugar. Quer sua atenção exclusiva e precisa de uma chance para desabafar. Você pode se oferecer para ajudar. "O que posso fazer?" vai bem, mas talvez você descubra que ele tem a solução – ele só quer demonstrar como está se sentindo. Prepare-se para um belo teatro; esta é uma combinação que não costuma sofrer em silêncio.

Ascendente ou Lua em Virgem

O Libra/Virgem com problemas precisa de um lugar silencioso e de um ambiente calmo e fresco. Ele vai se preocupar com a saúde; por isso, qualquer conselho oferecido por Deepak Chopra será útil, como assumir a responsabilidade pelos sentimentos, sentir onde eles se localizam no corpo e como são eles, registrá-los por escrito, liberá-los com um ritual e comemorar sua eliminação. Pensar menos sempre ajuda, pois todos os signos de Ar pensam demais. E use a Essência Floral de Bach *Centaury*; é um salva-vidas para preocupações descontroladas.

Ascendente ou Lua em Libra

Seja legal! Um libriano duplo pode ser um farrapo indeciso, e lembrá-lo disso não vai ajudar. Mantenha-se distante de quaisquer decisões. Não pergunte o que ele quer – em momentos difíceis, eles mal conseguem pensar –, mas tome as decisões sobre almoço, compras, cozinha e comida. Encontre alguma coisa realmente bonita e compartilhe-a com o duplo libriano. Lembre-o de coisas belas e reais, leve-o para ver um belo pôr do sol, caminhe pelo campo ou por um jardim bem cuidado. Se não tiver tempo ou dinheiro, deixe uma foto da natureza como protetor de tela do computador. Ouçam música suave juntos. Simplesmente "seja".

Ascendente ou Lua em Escorpião

Você vai precisar ter firmeza e concentração com um Escorpião/Libra. Suavidade e ternura não vão funcionar. Imagine uma cor vermelho-sangue profunda e coisas como levar uma picada de escorpião e você entenderá o que digo. Eles precisam de medidas drásticas para se sentir melhor. Isso pode significar jogar a cautela ao vento, fazer algo completamente fora do normal; assim, o que sugiro para um cliente com a combinação Escorpião/Libra é escrever uma carta para as pessoas ou para o problema em questão... e queimá-la... observando as chamas devorarem o problema. Se a intenção for sincera e significativa, vai funcionar tão bem quanto ações drásticas que depois causariam arrependimento.

Ascendente ou Lua em Sagitário

Como signo de Fogo, os nativos com Sagitário/Libra vão querer liberar seu calor de modo ativo, físico. Como apreciam tanto viagens para lugares distantes como atividades filosóficas, uma rápida viagem para um país distante e exótico funcionará bem, assim como a descoberta do "significado" daquilo que está acontecendo. Prepare-se para citar trechos de filósofos como os do colega de Sagitário/Libra Nietzsche, mergulhando-o no "cenário mais amplo". Ele não vai querer pensar em coisas triviais e pouco importantes durante uma crise pessoal; portanto não o preocupe com esse tipo de coisa. Pense grande.

Ascendente ou Lua em Capricórnio

Como esta é uma combinação mais séria, o Capricórnio/Libra vai se beneficiar com as palavras sábias de uma pessoa mais velha do que ele, que já passou por aquilo, fez as mesmas coisas com as quais ele está preocupado e conseguiu se sair bem. Essas pessoas gostam de pensar em assuntos sérios, práticos, tradicionais, que têm significado e, quando estão numa situação complicada, preferem conselhos sábios, aos quais respondem melhor. Se você tiver algum parente mais idoso, leve o

Capricórnio/Libra para conhecê-lo, para que ele possa realmente "ver" que "tudo vai ficar bem". Para chegar a ser idosa, a pessoa teve de enfrentar alguns riscos; por isso, descobrir como esse parente mais velho sobreviveu às suas tragédias pessoais vai inspirar o libriano a ser ainda melhor.

Ascendente ou Lua em Aquário

Uma pessoa com planetas em Aquário adora fazer alguma coisa maluca e estranha de vez em quando. Ela não segue o caminho "normal" da vida e prefere ser quase uma forasteira; por isso, se a vida ficar complicada, não espere que ela volte aos trilhos com soluções "normais". Uma coisa é certa: ela vai querer que seus amigos a apoiem, e vai desfrutar o apoio de organizações, clubes ou grupos com os quais sente afinidade. Em termos mais imediatos, sair de casa para respirar um pouco de ar puro ajuda, pois Aquário é um signo de Ar; meditação e respiração profunda fazem diferença.

Ascendente ou Lua em Peixes

Signo do místico e espiritual, Peixes/Libra adora as soluções mais esotéricas para seus problemas; logo, use o Tarô dos Anjos e Essências Florais para ajudar. Queime um incenso; sugira Euritmia (uma forma de movimento de cura desenvolvida por Rudolph Steiner, que era pisciano). Ele também vai precisar de tempo e de espaço para se reconfigurar, pois é um signo que costuma absorver os sentimentos e as angústias dos outros, o que pode ter contribuído para seus problemas atuais. Manter um diário de sonhos e fazer hipnoterapia também ajudam durante momentos de incerteza.

Capítulo 8

♎ Táticas de amor ♎

Como este livrinho foi escrito para ajudar você a amar um libriano, agora vou falar dos diversos librianos que você pode encontrar na vida real, desde filhos até chefes.

Cada signo se dá melhor em algumas situações do que em outras. É mais fácil imaginar, digamos, as características de Libra num namorado do que num chefe, mas há quem tenha um chefe de Libra; como extrair o melhor da situação?

As qualidades que discutimos e que são típicas de pessoas de Libra vão se manifestar de forma diferente – como no local de trabalho *versus* situações românticas –, por isso vamos descobrir como lidar com esse signo em todas essas combinações distintas.

Seus Filhos de Libra

Tenho um filho de Libra, e por isso a maior parte do que vou lhe dizer provém de minha experiência pessoal.

A infância não é um problema para crianças de Libra. Elas não precisam pensar muito nas coisas e, na maior parte do tempo, seus pais tomam as decisões. À medida que ficam mais velhas, mais decisões precisam ser tomadas, e é aí que podem começar os problemas. Evite dar muitas opções para seus filhos librianos.

Isto ou aquilo? Para cima ou para baixo? Preto ou azul? Isso é suficiente para mantê-lo ocupado por algum tempo.

Eis o que diz Angela sobre sua infância:

"Tenho tanto medo de tomar uma decisão errada que geralmente não tomo nenhuma. Sinceramente, eu não tinha sonhos na infância, em parte porque eu não conseguia escolher uma coisa, e em parte porque não gostava de presumir ou de ficar na expectativa. Infelizmente, ainda sou assim!"

Quando as decisões ganham peso, fica mais difícil para a criança de Libra. Ela deseja analisar todas as opções. Ela não vai se contentar com a escolha mais óbvia. Ela quer ponderar, meditar, pensar... até você ficar quase alucinado com a antecipação.

Num determinado Natal, meu filho adolescente e eu fomos escolher alguns presentes de Natal para os parentes do meu ex-marido. Quando lhe perguntei o que ele queria comprar, ele não sugeriu nada, mas tampouco aceitou minhas sugestões. Eu não estava ajudando. Ficamos andando pela cidade e eu percebi que sua preocupação era conseguir alguma coisa bonita com o minguado dinheiro que ele tinha em seu bolso... até que, finalmente, ele começou a chorar por causa daquele estresse.

Comprei uma bela echarpe para a avó dele, mas sua primeira reação foi "Parece roupa de atriz de novela" (!); então acabei dizendo que aceitaria a responsabilidade caso o presente que ele comprasse não fosse do agrado.

Eu levaria a culpa.

"Não quero comprar nada só por comprar" foi seu mantra durante o passeio, mas, do mesmo modo, ele tinha de comprar alguma coisa, e essa *alguma coisa* estava ficando cada vez mais fugidia à medida que íamos de loja em loja.

O que não ajudou foi o fato de ele ter perguntado a todas as pessoas envolvidas o que gostariam de ganhar, e todas (infelizmente) disseram "Nada em particular; faça uma surpresa".

Isso não é útil para um libriano. Uma surpresa? Argh! Que tipo de surpresa? O pensamento entra na quinta marcha com todas as possibilidades até atingir um estado de puro e simples congelamento, de vazio.

Uma pequena sugestão.

Não dê muitas alternativas para seu filho libriano. Apenas algumas opções. Na pior hipótese, mostre-lhe como você faz escolhas. Ou mostre-lhe que há algumas coisas que podemos alcançar quando conseguimos tomar determinada decisão.

A indecisão é um pesadelo para o libriano; logo, não deixe que ele chegue a esse ponto. Não tem graça.

Uma coisa que funcionou com meu filho foi perguntar-lhe como ele se sentiu depois que tomou uma decisão... e você pode fazer isso com um libriano mais novo. Faça com que se concentre na sensação que ele sabe que terá depois de tomar essa decisão. Ele pode se sentir mais relaxado, em paz, satisfeito e menos estressado.

Seja qual for a sensação, verifique se ele está concentrado nela, e não na angústia que a tomada de decisão causou. Ele deve focalizar o *resultado* e não a dificuldade.

Isso funcionou muito bem quando meu filho e herdeiro ficou pensando no que "fazer" quando alguns produtos que ele tinha encomendado *on-line* não chegaram no prazo. Ele ficou aborrecido porque imaginou que o remetente tinha tido tempo suficiente para enviá-los. Sendo um ser humano e parte da raça humana, estou ciente de que as outras pessoas nunca se esforçam tanto quanto você esperava e que o serviço postal da Grã-Bretanha é muito bom, mas não é perfeito.

Então eu perguntei a ele: "Como você vai se *sentir* quando as coisas chegarem?". E ele fez uma pequena lista. E eu lhe disse "Fale-me do que vai acontecer quando chegarem; imagine isso acontecendo", e ele me falou que a campainha iria soar, ele iria abrir a porta e assinar naquela maquininha que o entregador iria levar. Ele passou alguns instantes descrevendo esse cenário... e eu saí do seu quarto e fui até a cozinha para preparar uma xícara de chá.

Menos de cinco minutos depois, a campainha tocou, e, como eu estava ocupada, pedi-lhe para atender... era o entregador!

Bem, eu *sei* que o pensamento dele não fez com que o entregador chegasse exatamente naquele momento. O que demonstrei de fato foi que às vezes você precisa estar "em sintonia" com a vida, em vez de lutar contra ela.

Seu Chefe Libriano

Tenho amigos que têm um chefe de Libra ou que são chefes. Geralmente, são pessoas fáceis de lidar, pois detestam incomodar as pessoas.

Os problemas acontecem quando eles precisam "bancar" o chefe e tornar as pessoas obsoletas, despedi-las ou dar-lhes advertências. Eles detestam fazer coisas desse tipo e se desdobram para não serem injustos. Preferem que a equipe trabalhe em conjunto e que haja algum compartilhamento nas tarefas.

Bruce Springsteen, cantor e compositor, ficou com o apelido de "O Patrão" quando sua banda foi formada e ele assumiu a tarefa de levantar o dinheiro para a banda após as apresentações.

Numa entrevista para a *Creem* em 1981, eis o que ele tinha a dizer sobre chefes:

> Bem, esse negócio de "patrão" é engraçado, porque veio de pessoas que trabalham comigo. E então alguém começou a fazer isso no rádio. Detesto ser chamado de "patrão" (risos). Sério. Desde o começo. Não gosto de chefes. Odeio ser chamado de patrão. Isso começou com as pessoas próximas a mim, então alguém começou a falar assim no rádio e, depois que isso aconteceu, todos diziam "E aí, patrão", e eu falava "Não... Bruce. BRUCE". Sempre detestei isso. Sempre detestei ser chamado de "patrão".[15]

Assim, ele é, de certo modo, um patrão, pois não atua isoladamente, tem uma equipe de pessoas que o ajuda nos shows; ele precisa escrever as músicas, tocá-las, manter a banda motivada, ir de cidade em cidade, ir até o estúdio de gravação, ser entrevistado pela imprensa. E é um artista espantosamente flexível, além de tudo.

Num único ano (2012), ele fez vinte apresentações em 24 dias ao redor dos Estados Unidos, e depois 33 apresentações em 48 dias pela Europa. É muito trabalho, não apenas por causa das apresentações, mas também para sair da Espanha, atravessar a Europa e ir até a Finlândia. Fiquei cansada só de ler a programação.

O que significa trabalhar para um chefe de Libra?

Primeiro, você precisa se apresentar bem. Você não vai durar um minuto sequer trabalhando para um libriano se não estiver razoavelmente limpo e apresentável. Você também precisa ser pontual, pois não conheço nenhum libriano que esteja consistentemente atrasado. Espera-se ainda que você faça as coisas do jeito que os librianos gostam, ou seja, mostre-se justo, equilibrado, evite confrontações e seja organizado.

Como Libra é um signo de Ar, você vai perceber que seu chefe de Libra gosta de conversar e das boas ideias que você venha a ter. Ele vai esperar *por favor* e *muito obrigado* e um nível geral de educação... levando em conta, obviamente, a cultura e a formação da organização em que você está. Ter uma postura fria e calma também conta pontos.

Sua Namorada Libriana

Sua namorada libriana vai querer ser tratada... como uma dama. Se você é do tipo durão, desleixado, vai ter dificuldades para atrair uma namorada libriana, especialmente se você não ligar para a aparência.

Eis o que diz Celia sobre sua aparência:

"Sempre olho no espelho antes de sair, mas, com a idade, basta uma olhadela! Até ter meus filhos, a aparência e o estilo eram muito importantes, e eu tive a sorte de ser alta e magra; tudo precisava ter uma coordenação de cores perfeita, e eu chegava a passar meia hora escolhendo um par de brincos ou uma echarpe".

Ainda estou para conhecer um libriano que não ligue para a aparência; por isso, preocupe-se com *sua própria* aparência se você quiser passar algum tempo no mundo dessa pessoa.

Descobri que o melhor modo para compreender o que um signo do Zodíaco procura num companheiro é consultar sites de namoro... e vou repetir o que disse em outros livros: a maioria das pessoas procura uma extensão delas mesmas, pois elas se consideram as melhores.

Perguntei a Heather como ela gostava de ser amada:

"Prefiro ser amada com atenção, ser estimada; ser o nº 1 de alguém; com ternura; com paixão".

Linda tem 45 anos e procura o amor. A maneira como se descreve e como fala daquilo que procura não mudaria uma vírgula caso ela fosse mais jovem ou mais velha. São qualidades estabelecidas nos librianos.

Primeiro, ela fala das coisas de que gosta, o que é uma bela introdução, pois podemos ter uma boa ideia de seus interesses:

"Adoro o cheiro da chuva de verão, sentir o vento no meu rosto e soprando entre as folhas de outono. Ainda fico excitada com os trovões e com a neve, com a chuva forte e os pulos sobre as poças com meus patins. Hoje, minhas férias incluem cantar, dançar e sentar em torno de uma fogueira ou caminhadas pelo belo interior da Inglaterra. Preocupo-me muito com o planeta e com o mundo natural e tento protegê-lo e viver de forma simples e sustentável".

Como pode ver, ela entende um pouco de seu signo solar e de seu Ascendente (o que é útil para minhas pesquisas!):

"Como sou uma libriana típica, com a centelha do Ascendente em Sagitário, tive uma vida interessante e aventureira, com muitas

viagens de todos os tipos, velejando, esquiando, andando com minha mochila ao redor do mundo, até as viagens interiores da exploração emocional e espiritual. Sou esguia, atlética e atraente, e posso me virar em muitas coisas sem ser brilhante em nada. Costumo dar início às coisas de forma positiva e otimista, e tenho um forte senso de comprometimento com tudo aquilo que faço e com os relacionamentos que mantenho. Estou satisfeita com a minha própria companhia, mas também adoro estar com amigos, e gostaria de ter uma pessoa especial na minha vida para compartilhar os altos e baixos dessa aventura maravilhosa".

Ela também menciona sua experiência profissional e seu histórico. Perceba a influência sagitariana da educação e a necessidade da vida ao ar livre: ambos são pontos essenciais para o sagitariano.

"Depois de muitos anos trabalhando com educação, psicologia e terapia, montei meu próprio negócio de saúde natural, que acabou consumindo todo o meu tempo. Mas ainda passo muito tempo no computador, e por isso dou boas-vindas a qualquer distração, seja um trabalho prático, um café com amigos, natação ou caminhadas para me manter em forma. No entanto meu negócio está prosperando, e por isso posso relaxar e me concentrar em obter um equilíbrio melhor em minha vida."

Ah! Tive de rir quando ela disse que queria um "equilíbrio melhor"... uma frase *muito* libriana!

"O fato de morar na cidade proporciona muitos prazeres culturais, como ir ao cinema, ao teatro, ver música ao vivo, frequentar res-

taurantes e diversos locais de reunião e de encontros. Todavia também gosto do interior, de apreciar as belas e vastas paisagens da Inglaterra, de caminhar nas colinas, ao longo do litoral, perto de rios, em florestas, em qualquer lugar com ar limpo e no qual a natureza floresça".

Perceba que ela não menciona o que está procurando em seu parceiro ideal, e teríamos que presumir que esse deverá ter interesses similares. Portanto o parceiro ideal para essa mulher seria alguém que goste da natureza, que se preocupe com o planeta, precisa ser "esguio, atlético e atraente". Perceba ainda como ela usa a palavra "bela" para descrever o campo, e não "excitante" ou "de tirar o fôlego".

Seu Namorado Libriano

Neste exemplo, temos Grant, que tem 35 anos e procura uma namorada.

"Nesta tentativa de procurar, se não de responder, as maiores indagações do mundo, percorro uma estrada que leva a livrarias, cafés, bibliotecas universitárias e praias. Fã do movimento 'Quirky Alone'* e libriano com múltiplos interesses, sonho em ter uma fazenda familiar vegan e uma comunidade com edificações naturais, dotada de meu próprio centro de cooperativas, com espaço para apresentações, pesquisas, discussões, saúde e bem-estar, e um museu da

---

* Movimento de pessoas que gostam de ser solteiras, mas que não se opõem a manter um relacionamento, e que geralmente preferem estar sozinhas a namorar por namorar. (Fonte: Wikipédia, N. do T.)

resistência pacífica e com minhas estimadas visões de futuro. Uma das perguntas que eu poderia lhe fazer seria 'O que é o amor?'. Embora ele possa significar abraços que duram horas, também significa usar meu coração para promover a paz. Sujar minhas mãos na fazenda que também será um santuário animal. Mostrar o apreço pelos amigos por meio de uma refeição bem preparada. Comemorar a vida dançando um tango. Cuidar de um jardim que me proporcione alimentos e a alegria do verde. Mimar meu gato. Quando cultivo um jardim do jeito que meu pai me ensinou, ou persevero por intermédio da adversidade, como minha mãe, canalizo o amor de meus pais.

Quando sou vegan e almejo a não violência, expresso meu amor pelo planeta. Quando ouço suas palavras e seu corpo, discordo sem brigar e beijo-a com minha presença plena, terna, brincalhona e feliz, compartilho-me completamente com você. Leio a revista Monocle *que fala de estilo e design cosmopolita. Procuro mulheres que sejam inteligentes, que estejam em boa forma, saudáveis, e não tenham medo de dar o primeiro passo."*

Felizmente, ele nos dá uma descrição daquilo que procura na sua mulher ideal.

"Seu sorriso é contagioso, seu riso espontâneo, suas lágrimas compassivas. Chamada pela natureza, você será envolvida por flores selvagens e beijos até o pôr do sol. Você gosta de ter um corpo forte e saudável, mas sabe que sua mente é mais sensual, e a mantém bem exercitada. O aprendizado vitalício é um modo de vida para você. Você se sente bem cuidando de um jardim à tarde e trajando seu vestido preto à noite. Você está aberta para a diversidade – pessoas, ideias, comidas e lugares.

Contadora natural de histórias, você pode percorrer o país se apresentando... ou defendendo uma causa. Você se lembra do nome das pessoas. Se você tivesse alguém especial com quem dançar, poderia entrar num concurso. Você é assertiva em seus ideais, mas diplomática em sua forma de expressá-los. Talvez a religião não atenda às suas necessidades; você explora filosofias e sabedoria inata. Geralmente é a pacificadora e não hesita em levar discussões significativas a um relacionamento. Você vislumbra um mundo melhor com o olho da mente e sabe que ele é possível.

Você prefere dançar a ficar observando, marchar num protesto a ler as manchetes. Acima de tudo, você é autêntica, e sabe que está aqui apenas uma vez, para fazer diferença. No amor, você é a cocriadora de um refúgio pacífico e fica feliz que compartilhemos. No amor, somos uma dupla dinâmica, aliviando fardos, celebrando soluções, unidos em nossa jornada através da vida."

Acho que ele exagerou um pouco em sua descrição – às vezes, as pessoas se empolgam um pouco em seu estilo de escrita na Internet –, mas o básico foi realçado. Ele procura alguém parecido com ele. Que não seja violento, que seja terno e atencioso.

Perguntei a Michael como ele gostaria de ser amado.

"Gostaria de ser amado gentilmente, com bondade e com calor no coração.

Gostaria de ser amado pela pessoa que sou e não por minha aparência.

Gostaria de ser amado com sinceridade.

Gostaria de ser tocado, segurado, acariciado à beça... o contato físico é importante. Mesmo que seja um dedo tocando minha cabeça.

Gostaria de ser amado de alma para alma."

Pessoas, por favor, percebam que ele NÃO está procurando uma namorada audaciosa, excêntrica, espalhafatosa ou que goste de discussões.

O que Fazer quando seu Relacionamento Libriano Termina

Signos de Fogo

Se o seu signo é de Fogo – Áries, Leão ou Sagitário –, você vai precisar de alguma coisa ativa e excitante para ajudá-lo a superar o fim do relacionamento.

Você vai precisar usar o elemento do Fogo no processo de cura.

Compre uma bela vela noturna, acenda-a e recite: "Eu... (seu nome) deixo você (nome do libriano) ir, em liberdade e com amor, para que eu fique livre para atrair meu verdadeiro amor espiritual".

Deixe a vela noturna num local seguro para queimar completamente. Calcule uma hora, pelo menos. Enquanto isso, reúna quaisquer objetos pertencentes a seu (agora) ex e leve-os de volta para seu libriano. É educado telefonar antes e avisar seu ex de que você está indo.

Se tiver fotos dos dois juntos, recordações ou até presentes, não se apresse em destruí-los como alguns signos de Fogo costumam fazer. É melhor deixá-los numa caixa no porão ou na garagem até você se sentir melhor.

Depois de alguns meses, vasculhe a caixa, mantenha as coisas de que gosta e doe aquilo de que não gosta.

Signos de Terra

Se o seu signo é de Terra – Touro, Virgem ou Capricórnio –, você vai se sentir menos propenso a fazer alguma coisa drástica ou extrema. Talvez você demore um pouco para recuperar o equilíbrio, por isso dê-se algumas semanas e no máximo três meses de luto.

Você vai usar o elemento Terra para ajudar em sua cura, bem como cristais.

Os melhores a se usar são aqueles associados com o seu signo solar e também com a proteção.

Touro = Esmeralda
Virgem = Ágata
Capricórnio = Ônix

Lave o cristal em água corrente. Embrulhe-o num lenço de seda e vá caminhar pelo campo. Quando encontrar um lugar apropriado, ou seja, silencioso e no qual você não seja incomodado, cave um pequeno buraco e enterre o cristal no chão.

Passe alguns minutos pensando no seu relacionamento, nos bons e nos maus momentos. Perdoe-se por quaisquer erros que você possa ter cometido.

Imagine uma bela planta crescendo onde você enterrou o cristal e que a planta floresce e cresce com vigor.

Ela representa seu novo amor, que estará com você quando chegar o momento apropriado.

Signos de Ar

Se o seu signo for de Ar (Gêmeos, Libra ou Aquário), talvez você queira conversar sobre o que aconteceu antes de terminar o relacionamento. Signos de Ar precisam de razões e respostas e podem desperdiçar uma preciosa energia vital procurando essas respostas. Talvez seja preciso se encontrar com seu libriano para lhe dizer exatamente o que pensa ou pensou sobre suas opiniões, suas ideias e seus pensamentos. Você também pode sentir a tentação de dizer o que pensa sobre ele agora, coisa que não recomendo.

É bem melhor expor seus pensamentos em forma tangível, escrevendo uma carta para seu ex-libriano. Não é uma carta para se enviar pelo correio, mas ao escrevê-la você precisa imprimir a mesma energia que colocaria *se fosse* mesmo enviá-la.

Escreva-lhe nestes termos: "Caro libriano, espero que você esteja feliz agora em sua vida nova, mas eis algumas coisas que eu queria que você soubesse e entendesse antes de dizer adeus".

Então, relacione todos os hábitos incômodos a que seu (ex) libriano se dedicava. A lista pode ter a extensão que você quiser. Inclua quantos detalhes desejar, englobando coisas como as vezes em que ele não comungou com suas ideias ou se mostrou hesitante. Escreva até não conseguir escrever mais e encerre sua carta com algo similar ao seguinte: "Embora não fôssemos feitos um para o outro, e eu tenha sofrido por isso, desejo-lhe felicidade em seu caminho". Ou algum outro comentário positivo.

Depois, rasgue a carta em pedaços bem pequenos e ponha-os num pequeno frasco. Vamos usar o elemento do Ar para corrigir a situação.

Vá até um lugar ventoso e alto, como o topo de uma colina, e, quando achar que deve, abra o frasco e espalhe alguns pedaços aleatórios da carta ao vento. Não use a carta toda ou você correrá o risco de levar uma multa por sujar o lugar, só o suficiente para ser significativo.

Observe esses pedacinhos de papel voando ao longe e imagine-os conectando-se com os espíritos da natureza.

Agora, seu relacionamento terminou.

Signos de Água

Se o seu signo for de Água – Câncer, Escorpião ou Peixes –, poderá ser mais difícil recuperar-se rapidamente desse relacionamento. Talvez você se flagre chorando em momentos inoportunos, ou ao ouvir a música "de vocês" no rádio, ou quando vir outros casais felizes na companhia um do outro. Você pode acordar à noite achando que arruinou sua vida e que o ex-libriano está se divertindo. Como você já deve ter percebido, é pouco provável que isso esteja acontecendo. Seu ex deve estar tão abalado quanto você.

Portanto sua cura emocional precisa incorporar o elemento Água.

Como você é capaz de chorar pelo mundo, da próxima vez em que estiver se banhando em lágrimas, pegue uma gotinha e coloque-a num pequeno copo. Mantenha um por perto para essa finalidade. Decore-o se quiser. Flores, estrelas ou coisinhas brilhantes.

Preencha o copo com água e ponha-o sobre a mesa.

Depois diga o seguinte:

Este adorável relacionamento com você, ... (nome do librano), terminou.
Estendi-me através do tempo e do espaço para chegar até você.
Minhas lágrimas vão lavar a dor que sinto.
Tiro você de meu coração, de minha mente e de minha alma.
Partamos em paz.

Depois, beba lentamente a água. Imagine a dor dissolvendo-se e livrando você de toda a ansiedade e de toda a tristeza. Passe as próximas semanas tratando-se bem. Se precisar conversar, procure alguém de confiança e abra-se com essa pessoa. Tenha lenços de papel à mão.

Seu Amigo Libriano

Tenho vários amigos librianos muito legais. São educados, bem apresentáveis e preocupados com questões atuais. A maioria de meus amigos librianos lê muito e sabe o que está acontecendo no mundo.

Uma amável senhora libriana com quem costumava trabalhar, após o nascimento de meu filho, quis me dar um presente e passou várias horas pensando em alguma coisa adequada. Ela se baseava na premissa de que comprar um presente para alguém que não pode comer chocolates, teve polenose e não bebe álcool é difícil... mas isso não a impediu de ser bastante criativa.

Algumas semanas depois do parto, logo que cheguei em casa, recebi um pacote. Era uma caixa pequena e dentro havia um balão de hélio azul escrito "Parabéns! É um menino!". Que atencioso! Tinha pouco açúcar, não tinha pólen e nem álcool, e ficou flutuando na minha sala durante alguns dias.

Muito gentil!

Se entre seus amigos há algum libriano, lembre-se de que esse é um relacionamento do tipo dar e receber. Não espere que ele esteja sempre recebendo em casa, e, do mesmo modo, não o sufoque com seus problemas ou com coisas que você odeia. Não passem tempo demais juntos, ou a amizade vai enfraquecer. O libriano feliz é, em síntese, um indivíduo de mentalidade independente e não quer ser sufocado; portanto, se o seu signo é de Água, lembre-se disso.

Sua Mãe Libriana

Diversas librianas que conheço são mães e gostam de ser justas com seus filhos.

Celia nos conta como é ser mãe:

"Ser justa com meus filhos significa dar-lhes tempo, atenção e tarefas equitativas – não tive irmãos, e por isso sempre tento manter a paz entre eles e procuro ser aberta e sincera com eles. Eu detestaria que eles brigassem ou discutissem por causa de algo que eu tivesse feito ou deixado de fazer, pois escuto muito isso de outros pais".

Lola tem duas filhas e gosta de ser justa com elas:

"Sempre procuro dar às minhas duas filhas as mesmas coisas, embora sejam pessoas diferentes e com necessidades diferentes".

Malina mora na Europa; o inglês não é sua língua natal. Ela fala sobre sua mãe:

> *"Mamãe é Libra e eu sou Aquário. No começo, lembro que as coisas iam bem. Ela me dava muita liberdade, e uma vez disse que nós (somos três) não demos muito trabalho na infância. Papai viajava muito a trabalho, e por isso era ela quem usava calças em casa. Também me lembro de que ela nos ensinou a repartir corretamente. Tudo era dividido em três partes iguais, como um bolo, ou, se alguém ganhasse alguma coisa nova, como roupa, todas ganhávamos. E se não fosse assim, como uma bicicleta, por exemplo, isso era explicado com os porquês".*

Sua mãe se preocupava com justiça, chegando a dividir as coisas em três partes iguais. Ela também explicava por que fazia certas coisas, um talento que todos os librianos têm. Eles sempre explicam "por que" fizeram isto ou aquilo.

Nem todas as pessoas têm uma história alegre sobre sua mãe. Georgina é aquariana e trabalha numa organização sem fins lucrativos na Carolina do Norte. Eis o que ela nos conta:

> *"Quando era menina, eu a idolatrava. Ela era uma mãe muito boa. Permissiva e protetora, sempre ao meu lado e ao do meu irmão, mesmo quando estávamos errados. Os pontos altos de meu relacionamento com ela são as lembranças das situações em que ela me impediu de cometer um grande erro. Ela era capaz de transformar a situação conversando comigo e ajudando-me a ver a luz quando eu mais precisava dela".*

Infelizmente, sua mãe mudou muito com a morte do marido, e seu relacionamento se alterou radicalmente; hoje, elas nem conversam mais. Como os librianos se identificam por meio do relacionamento com o parceiro, a morte deste é uma grande tragédia. Como Georgina é aquariana, ela não se define por intermédio de seus relacionamentos, por isso ela não teve a mesma sensação de perda que sua mãe teve.

Chan é uma aquariana que mora em Pequim, na China. Seus pais são librianos. Veja o que ela disse:

"Nós nos damos muito bem. As principais características de Libra que vejo em meus pais: muito equilibrados, graciosos (não são de extremos), têm orientação artística e são justos. Conversamos muito, naturalmente. Contudo, tendo a Lua em Escorpião, eu costumo ser mais emotiva ou mais explosiva do que a 'ponderada Libra', especialmente porque suas Luas não estão em signos de Água. Tirando isso, nossos Sóis são muito compatíveis e apoiam-se mutuamente".

De certo modo, eles se dão bem, mas como Chan tem a Lua em Escorpião (que é uma Lua muito intensa, veja o Capítulo 4), ela não se sente como eles.

Seu Pai Libriano

Meu avô era de Libra, mas infelizmente morreu antes de eu nascer. Tenho mais informações sobre ele do que a maioria das pessoas porque ele escreveu muitas cartas para meu pai, as quais minha mãe guardou; ela chegou a escrever sobre essas cartas em seu livro *Branching Out: Fruits of the Tree*.[16] Meu pai serviu na Índia durante a Segunda Guerra Mundial.

As cartas de meu avô eram sempre muito educadas e atenciosas. Meu pai era sagitariano com a Lua em Libra, e meu avô era Libra com a Lua em Sagitário (duas de minhas irmãs têm a Lua em Sagitário; parece ser uma coisa da família!).

Eis o que meu avô escreveu para meu pai em novembro de 1943. Depois de falar da promoção que meu pai tinha recusado, de um lembrete de que minha avó tinha enviado "um estoque de tabaco para um mês por intermédio dos senhores Fribourg e Treyer" e de outras informações familiares, ele termina assim a carta:

> Não há muitas novidades importantes para lhe contar. Escrevi agradecendo a amável carta de aniversário que você me enviou. É impossível dizer como fiquei contente com ela, mas lhe asseguro de que sempre irei guardá-la com carinho. Também estou à espera do dia em que poderei caminhar com você em algum lugar de nossa bela Inglaterra para irmos a um belo *pub* do interior e bebermos uma ou duas canecas de *bitter*. São dias pelos quais vale a pena esperar. Nós dois aguardamos ansiosamente o dia em que poderemos recebê-lo novamente em casa.
>
> Há uma nova estrada que vai de Sadiya, no norte da Índia, e passa sobre o teto do mundo, em Chungking, onde ela entronca com a Estrada de Burma. Que belo lugar para se caminhar, quando você tiver uma licença. Gostaria de poder ir com você. Que belo lugar para passar sua licença, e que experiência.
>
> Muito amor, meu querido, de todos nós.
>
> Papai

Scott é capricorniano com a Lua em Libra. Ele nos fala de seu pai libriano:

"Meu pai tem o Sol em Libra. Quando garoto, eu o via como alguém indestrutível, forte... mas sem muita empatia e sensibilidade. Porém ele era um pai másculo e me levava para caçar, me falava um pouco sobre como consertar carros. Eu sabia que ele tinha muitos amigos e era muito extrovertido. De modo geral, nosso relacionamento era bom.

Mas eu era um adolescente, e mais tarde, quando eu tentava trabalhar em alguns projetos com ele, ele sempre se preocupava com a perfeição. Isso me causou muitas frustrações. Mesmo assim, eu via e valorizava seus talentos. Comecei a compreender sua vida difícil e as decisões envolvendo seu relacionamento com 'outra mulher' e minha mãe.

Agora, olhamos um para o outro e eu vejo talentos e fraquezas. Temos valores diferentes, mas somos iguais na dificuldade para tomarmos decisões. Ele diz 'Sim, filho... decisões, decisões, decisões. É a parte mais difícil da vida'.

Sorrio e penso... Sol em Libra".

Para conseguir o que seu pai libriano tem de melhor, mostre-se educado, interessado nele e no que ele está fazendo; "muito obrigado" e "por favor" sempre vão bem. Dependendo do seu signo, ou vocês vão se dar muito bem, ou vão entrar em choque. Os signos de Água e de Terra são os que mais terão dificuldades.

Seus Irmãos Librianos

Se você tem um irmão ou uma irmã de Libra, ou um meio-irmão, deve prestar atenção em seu signo e em seu elemento.

Se você também é de Ar, vocês se darão bem. Vão discutir muito e talvez não concordem em tudo, mas você vai defender seu irmão de Ar até a morte, a menos que tenham Ascendentes ou Luas muito complicadas.

Se o seu signo é de Fogo, será uma relação de amor... ou de ódio. Nada entre esses extremos. Você também pode ter alguma dificuldade se for de Áries, pois são signos opostos, mas podem se entender com algum esforço.

Se o seu signo é de Terra, talvez você tenha muita dificuldade para entender seu irmão de Libra (a menos que você goste de Astrologia). Suas prioridades serão bem diferentes. Você deseja um progresso prático e coisas como comida, conforto e dinheiro para se sentir bem. Seu irmão de Libra não terá as mesmas prioridades, e por isso vocês podem acabar se ignorando, uma vez que um libriano não o consideraria suficientemente "interessante".

Se o seu signo é de Água, as coisas podem ficar mais complicadas ainda.

Eis uma jovem pisciana falando de sua irmã.

"Minha irmã libriana está sempre falando de si mesma e contando vantagens. Ela nunca liga para nada que tenha relação comigo ou com a minha vida. Ela me faz escutar a leitura de seu mapa astral durante horas, todos os dias. Ela me manda fazer coisas para ela todos os segundos do dia, pede para que lhe faça companhia. Ela nunca agradece quando faço alguma coisa legal e não fala nada sobre minhas qualidades. ELA É MÁ. E às vezes eu acho que ela é maluca. Eu sou de Peixes."

O que mais gostei em sua pergunta *on-line* (ela queria saber o que deveria fazer para se entender melhor com a irmã) foram as respostas:

"Isso é muito engraçado, porque eu sou de Peixes, minha irmã mais velha é de Libra, e sempre tive o mesmo problema. O que eu fazia? Me afastava dela de vez em quando. Sua irmã pode até ficar aborrecida por causa da falta de atenção e pode até importuná-la aqui e ali, mas mantenha-se firme e diga-lhe que você precisa de espaço para respirar. Ela vai ficar bem, não se preocupe com ela".

Veja o que diz esta jovem de Câncer:

"Os librianos só pensam em si mesmos – ponto. Endureça com ela, trate-a como se ela nem fosse sua irmã durante algum tempo. Não atenda seus telefonemas, não se sente perto dela no sofá, saia da sala sempre que ela entrar, nunca diga alô e nem a olhe no olho, fale com ela apenas quando for necessário, e não a abrace, de modo algum. É o que faço para lidar com librianos problemáticos. Mas para mim pode ser fácil me manter distante de alguém, pois sou um caranguejo; tenho feito isso com pessoas que me tratam mal desde que me entendo por gente: meu pai, meu irmão, meus primos, meus colegas de classe. Acredite em mim, depois de algum tempo, isso começa a deixá-los malucos, e eles vão tentar encontrar seu lado bom novamente".

Se você conseguiu ler nas entrelinhas, a pisciana estava reclamando porque sua irmã era maluca e a solução da canceriana era "nada de abraços". Isso me fez rir, pois ambas estavam sugerindo soluções **com base em seus próprios signos**.

Para que um pisciano se sinta melhor com alguma coisa, ele precisa de muito tempo sozinho, longe da "coisa" que o incomoda. O canceriano precisa de um abraço quando as coisas vão mal, pois o contato físico faz com que se sinta MUITO melhor.

Assim, a solução para os signos de Água é a seguinte: um signo de Ar nunca vai se *sentir* como você; por isso, confie em suas próprias emoções, mas não espere que seu irmão libriano seja tão emotivo quanto você – a respeito de qualquer coisa –, e tente não passar muito tempo perto dele.

Sim, os librianos gostam de companhia, que é o que estava acontecendo com a irmã da pisciana, mas, pelo fato de ficarem juntas o tempo todo, ela também estava vivenciando o lado menos positivo de sua irmã.

Se você gosta de alguém e se dá bem com essa pessoa, fique perto dela enquanto tudo está bem. Como diz o ditado, você pode escolher seus amigos, mas não pode escolher sua família. Você precisa viver perto de seus irmãos; portanto reserve um tempo para você mesmo e não tente "corrigir" tudo que você acha errado ou ruim em seus irmãos. Isso não vai levar a nada.

* * *

Espero que você tenha gostado de conhecer um pouco o signo solar de Libra.

Estou escrevendo isto enquanto Saturno está no signo de Libra, ajudando-nos a aprender a sermos justos e responsáveis, no escritório de minha casa em Bath, uma cidade de fontes termais no sudoeste da Inglaterra. Sou de Peixes. Estou feliz com meu trabalho, meu adorável filho, meu marido maravilhoso e minha grande família. Sinto-me particularmente grata a todas as generosas pessoas que compartilhavam comigo seus pensamentos e suas opiniões em relação a este livro, ajudando-me de milhares de maneiras.

Sei que a vida é feita de coisas boas e más e, não faz muito tempo, decidi focalizar o que é bom.

Há uma vela queimando do meu lado, e estou imaginando que a chama está ardendo para ajudá-lo a se concentrar também no que é bom.

Se nos entendermos um pouco melhor, talvez melhoremos como pessoas.

Desejo-lhe toda a paz do mundo... e felicidade também.

Em Paz

Mary

www.maryenglish.com

♎ Notas ♎

1. Linda Goodman, *Sun Signs*, Pan Books, Londres, 1972.
2. Christopher McIntosh, *The Astrologers and Their Creed: An Historical Outline*, Arrow Books, Londres, 1971.
3. Rae Orion, *Astrology for Dummies*, IDG Books, Foster City CA, EUA, 1999.
4. YouGov survey: http://labs.yougov.co.uk/news/2010/10/14/stars-their-eyes/.
5. Diane Wolkstein e Samuel Noah Kramer, *Inanna, Queen of Heaven and Earth: Her Stories and Hymns from Sumer*, Harper Perennial, Nova York, 1983.
6. Nick Campion, *The Dawn of Astrology*, 2 volumes, Continuum, Londres, 2009.
7. David A. Aguilar, *11 Planets: A New View of the Solar System*, National Geographic Society, Washington DC, EUA, 2008.
8. Paul Sutherland, *Astronomy: A Beginner's Guide to the Sky at Night*, Igloo Books, Sywell, Northampton, 2007.
9. Tracy Marks, *Planetary Aspects: From Conflict to Cooperation: Making Your Stressful Aspects Work for You*, CRCS Publications, EUA e Canadá, 1987.

10. Liz Greene e Howard Sasportas, *The Inner Planets: Building Blocks of Personal Reality*, Seminars in Psychological Astrology, Volume 4, Samuel Weiser, York Beach ME, EUA, 1993.
11. Caroline W. Casey, *Making the Gods Work for You: The Astrological Language of the Psyche*, Three Rivers Press, Nova York, 1998.
12. Donna Taylor, *How to Use the Healing Power of Your Planets: Induce Better Health and Well-Being*, Quantum, Slough, Berkshire, 2003.
13. Donna Cunningham, *How to Read Your Astrological Chart: Aspects of the Cosmic Puzzle*, Red Wheel/Weiser, York Beach ME, EUA, 1999.
14. Thomas Moore, *Care of the Soul: How to Add Depth and Meaning to Your Everyday Life*, edição ilustrada, HarperCollins, Nova York, EUA, 1998.
15. http://www.killerinthesun.com/index.php?option=com_content&task=view&id=61&Itemid=36.
16. Jean English, *Branching Out: Fruits of the Tree*, edição da autora, 2002. www.jeanenglish.co.uk.

♎ Informações adicionais ♎

The Astrological Association – www.astrologicalassociation.com

The Bach Centre, The Dr Edward Bach Centre, Mount Vernon, Bakers Lane, Brightwell-cum-Sotwell, Oxon, OX10 0PZ, GB – www.bach-centre.com

Site ético de namoro – www.natural-friends.com

Comunidade Espiritual no norte da Escócia – www.findhorn.org

♎ Informações sobre mapas astrais ♎

Informações sobre mapas e dados astrológicos de nascimento obtidos no astro-databank de www.astro.com e www.astrotheme.com

Mapas de Exemplo

Marc Edmund Jones, 1º de outubro de 1888, St. Louis, MO, EUA, 8h37, ASC em Escorpião, Sol na 11ª casa, Lua em Leão.

Caroline W. Casey, 14 de outubro de 1952, Washington DC, EUA, 13h38, ASC em Capricórnio, Sol na 9ª casa, Lua em Virgem.

O Ascendente

Martina Navratilova, 18 de outubro de 1956, Praga, República Checa, 16h40, ASC em Áries, Sol na 7ª casa, Lua em Áries.

Sigourney Weaver, 8 de outubro de 1949, Manhattan, NY, EUA, 18h15, ASC em Touro, Sol na 6ª casa, Lua em Touro.

Cliff Richard, 14 de outubro de 1940, Lucknow, Índia, 21h, ASC em Gêmeos, Sol na 5ª casa, Lua em Áries.

Jim Henson, 24 de setembro de 1946, Greenville, MS, EUA, 0h10, ASC em Câncer, Sol na 3ª casa, Lua em Capricórnio.

Britt Ekland, 6 de outubro de 1942, Estocolmo, Suécia, 0h20, ASC em Leão, Sol na 2ª casa, Lua em Leão.

Julie Andrews, 1º de outubro de 1935, Walton-on-Thames, GB, 6h, ASC em Virgem, Sol na 1ª casa, Lua em Escorpião.

Mahatma (Mohandas) Gandhi, 2 de outubro de 1869, Porbandar, Índia, 7h11, ASC em Libra, Sol na 12ª casa, Lua em Leão.

Margaret Thatcher, 13 de outubro de 1925, Grantham, Inglaterra, 9h, ASC em Escorpião, Sol na 12ª casa, Lua em Leão.

Marc Bolan, 30 de setembro de 1947, Hackney, Inglaterra, 12h30, ASC em Sagitário, Sol na 11ª casa, Lua em Áries.

Jesse Jackson, 8 de outubro de 1941, Greenville, SC, EUA, 14h15, ASC em Capricórnio, Sol na 9ª casa, Lua em Touro.

F. Scott Fitzgerald, 24 de setembro de 1896, St. Paul, MN, EUA, 15h30, ASC em Aquário, Sol na 8ª casa, Lua em Touro.

Deepak Chopra, 22 de outubro de 1946, Nova Delhi, Índia, 15h45, ASC em Peixes, Sol na 8ª casa, Lua em Virgem.

Lua nos Signos

Gore Vidal, 3 de outubro de 1925, West Point, NY, EUA, 10h, ASC em Escorpião, Sol na 11ª casa, Lua em Áries.

Dawn French, 11 de outubro de 1957, Holyhead, sem horário de nascimento, Lua em Touro.

Brigitte Bardot, 28 de setembro de 1934, Paris, França, 13h15, ASC em Sagitário, Sol na 10ª casa, Lua em Gêmeos.

Graham Greene, 2 de outubro de 1904, Berkhamsted, Inglaterra, 10h20, ASC em Escorpião, Sol na 11ª casa, Lua em Câncer.

Samuel Taylor Coleridge, 21 de outubro de 1772, Ottery St. Mary, Inglaterra, 10h45, ASC em Sagitário, Sol na 11ª casa, Lua em Leão.

Kate Winslet, 5 de outubro de 1975, Reading, Inglaterra, 7h30 (horário não confirmado), possivelmente ASC em Libra, Sol na 1ª casa, Lua definitivamente em Libra.

Louise Hay, 8 de outubro de 1926, Los Angeles, CA, EUA, sem horário de nascimento, Sol em Libra, Lua em Escorpião.

Friedrich Nietzsche, 15 de outubro de 1844, Rocken, Alemanha, 10h, ASC em Escorpião, Sol na 11ª casa, Lua em Sagitário.

Michael Douglas, 25 de setembro de 1944, 10h30, New Brunswick, NJ, EUA, ASC em Escorpião, Sol na 11ª casa, Lua em Capricórnio.

Florence Scovel Shinn, 24 de setembro de 1871, Camden, NJ, EUA, sem horário de nascimento, Sol em Libra, Lua em Aquário.

Marie Stopes, 15 de outubro de 1880, Edimburgo, Escócia, 4h10, ASC em Virgem, Sol na 1ª casa, Lua em Peixes.

As Casas

Stuart Wilde, 24 de setembro de 1946, Farnham, Inglaterra, 6h (horário dado pessoalmente a mim durante uma tarde de autógrafos em Londres), ASC em Virgem, Sol na 1ª casa, Lua em Virgem.

Oscar Wilde, 16 de outubro de 1854, Dublin, Irlanda, 3h, ASC em Virgem, Sol na 2ª casa, Lua em Virgem

Anne Robinson, 26 de setembro de 1944, Liverpool, Inglaterra, 23h45, ASC em Câncer, Sol na 3ª casa, Lua em Capricórnio.

Bruce Springsteen, 23 de setembro de 1949, Freehold, NJ, EUA, 22h50, ASC em Gêmeos, Sol na 4ª casa, Lua em Libra.

Edith Stein, 12 de outubro de 1891, Breslau, Polônia, 19h30, ASC em Gêmeos, Sol na 5ª casa, Lua em Aquário.

John Lennon, 9 de outubro de 1940, Liverpool, Inglaterra, 18h30, ASC em Áries, Sol na 6ª casa, Lua em Aquário.

Stephen Arroyo, 6 de outubro de 1946, Kansas City, MO, EUA, 17h35, ASC em Áries, Sol na 7ª casa, Lua em Aquário.

Jerry Lee Lewis, 29 de setembro de 1935, Ferriday, LA, EUA, 15h00, ASC em Aquário, Sol na 8ª casa, Lua em Libra.

Bob Geldof, 5 de outubro de 1951, Dublin, Irlanda, 14h20, ASC em Sagitário, Sol na 10ª casa, Lua em Sagitário.

Thomas Moore, 18 de outubro de 1940, Detroit, MI, EUA, 9h23, ASC em Escorpião, Sol na 11ª casa, Lua em Capricórnio.

Outras Pessoas Citadas e Outros Librianos Famosos

Tracy Marks, 26 de setembro de 1950, Miami Beach, Flórida, EUA, 12h36, ASC em Sagitário, Sol na 10ª casa, Lua em Áries.

R. D. Laing, 7 de outubro de 1927, Glasgow, Escócia, 17h15, ASC em Peixes, Sol na 7ª casa, Lua em Aquário.

Suzanne Valadon, 23 de setembro de 1865, Bessiness, França, 6h, ASC em Libra, Sol na 12ª casa, Lua em Escorpião.

Lillie Langtry, 13 de outubro de 1853, Ilha Jersey, sem horário de nascimento preciso, Sol em Libra, Lua em Peixes.

T. S. Eliot, 26 de setembro de 1888, St. Louis, MO, EUA, 7h45, ASC em Libra, Sol na 12ª casa, Lua em Gêmeos.

Edith Randall, 10 de outubro de 1897, Minneapolis, MN, EUA, 6h00, ASC em Libra, Sol na 1ª casa, Lua em Áries

T. P. Ecob Orion, 9 de outubro de 1858, Melton Mowbray, Inglaterra, 12h50, ASC em Sagitário, Sol na 10ª casa, Lua em Escorpião

Ann Noreen Widdecombe, 4 de outubro de 1947, Bath, GB, 10h, ASC em Libra, Sol na 11ª casa, Lua em Touro.